宜宾学院2018年度学术著作出版基金资助(编号：2018BC01)

南方丝绸之路的嬗变与旅游发展

——以五尺道为例

杨艳蓉 ● 著

西南财经大学出版社
Southwestern University of Finance & Economics Press
中国·成都

图书在版编目(CIP)数据

南方丝绸之路的嬗变与旅游发展:以五尺道为例/杨艳蓉著.—成都:西南财经大学出版社,2021.9
ISBN 978-7-5504-4991-6

Ⅰ.①南… Ⅱ.①杨… Ⅲ.①丝绸之路—旅游业发展—研究—西南地区
Ⅳ.①F592.77

中国版本图书馆 CIP 数据核字(2021)第 149361 号

南方丝绸之路的嬗变与旅游发展——以五尺道为例
杨艳蓉 著

责任编辑:杨婧颖
封面设计:张姗姗
责任印制:朱曼丽

出版发行	西南财经大学出版社(四川省成都市光华村街 55 号)
网　　址	http://cbs.swufe.edu.cn
电子邮件	bookcj@swufe.edu.cn
邮政编码	610074
电　　话	028-87353785
照　　排	四川胜翔数码印务设计有限公司
印　　刷	郫县犀浦印刷厂
成品尺寸	170mm×240mm
印　　张	8.5
字　　数	151 千字
版　　次	2021 年 9 月第 1 版
印　　次	2021 年 9 月第 1 次印刷
书　　号	ISBN 978-7-5504-4991-6
定　　价	58.00 元

序

2013年，习近平总书记先后提出建设“丝绸之路经济带”和“21世纪海上丝绸之路经济带”的发展倡议，我国正式开启“一带一路”建设。早在2 000多年前，一条连接中国、孟加拉国、缅甸、印度、巴基斯坦、阿富汗和伊朗等国，早于北方丝绸之路的贸易通道——南方丝绸之路便已形成，并持续惠及沿线相关国家。五尺道是我国古代山区道路工程量最大的一条道路，是与秦长城、阿房宫、始皇陵、灵渠、直道、驰道并列的秦朝“七大工程”，以其拥有的遗产元素多样、分布范围广、保存情况复杂，在国际上日益受到关注和重视。

“一带一路”发展倡议是我国对外开放模式的伟大创新，也是对古代传统文化线路的传承和发扬。巴蜀是中华文明的重要发源地之一，是我国西部长江上游的古代文明中心，而南方丝绸之路是巴蜀文化向外传播与辐射的最重要通道之一。

南方丝绸之路是“一带一路”不可或缺的重要组成部分。空间上，它在西南地区，既与北方丝绸之路互相呼应，又通过云南出境与海上丝绸之路相通，向南连着南太平洋区域，向西连着印度洋区域。新时期的南方丝绸之路，主要依赖南向通道建设。2018年，中共四川省委十一届三次全会提出四川南向开放战略，南向通道通过陆上连接中南半岛，通过海上连通东南亚、南亚，还可延伸到地中海、波斯湾沿线及非洲广大地区。南向通道由北部湾海港和南宁向北经贵阳、重庆、成都，连通兰州和西安，它形成了我国西部地区的第一条南北向的纵向大动脉，也使我国西北地区多了一条向南出海的大通道。四川的南向通道以成都为起点，向南经过宜宾、攀枝花、云南、广西出境，连通东盟和南亚国家的陆上通道和陆海联运通道。古今融会贯通，丝路花开，这给南方丝绸之路的发展带来了更大的机遇和挑战。

宜宾学院作为宜宾的本土高校，自建校以来一直主动对接和融入区域经济社会发展，深化校企、校地合作，着力为省、市产业发展和宜宾高质量建设国家产教融合示范市提供应有的服务和支撑。学校一直鼓励和支持教师研究地方经济发展相关课题，积极主动融入地方发展。学校经济与工商管理学院积极服务四川省南向开放战略，依托“南亚东南亚研究院”，围绕“国际商务”开展学科建设与科学研究。2019 年，宜宾学院成立了五尺道文化研究中心，为学者们提供了研究平台。本书作者杨艳蓉同志生长于宜宾，工作于宜宾，对家乡怀有很深的感情。她从硕士学习期间就开始关注宜宾的川滇区域合作问题，在不断地深入研究过程中，其欲梳理、挖掘川滇古道中略被忽视的五尺道的想法愈加强烈。她在本书撰写的前期做了多年准备工作，学习了大量前人的研究成果，也发表了相关的论文和相关研究报告。本书研究的着眼点在南方丝绸之路尤其是东线的线路走向、沿途遗迹和文物、对外经济文化的交流传播和区域旅游合作等。本书对东线线路做了比较详尽的梳理，着重点是在四川境内的五尺道。作者希望通过本书的介绍，能让读者对南方丝绸之路东线（五尺道）有一个比较清晰的了解，也能为南方丝绸之路的发展研究尽绵薄之力。

研究无止境。随着考古的新发现以及史料的不断修正，越来越多文化线路的相关问题亟待我们去探索。希望有更多的学者加入，挖掘本土历史文化，支持地方经济文化融入区域合作大发展的潮流中去。

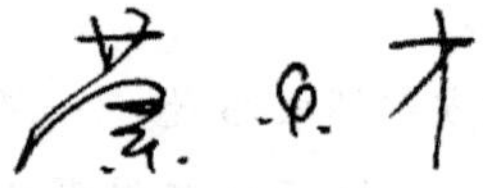

2020 年 12 月

前 言

1994 年，马德里文化线路世界遗产专家会议首次明确提出“文化线路（cultural routes）”遗产保护。2003 年，在《保护世界文化与自然遗产公约实施指南》中，“文化线路”被定义为“一种陆地道路、水道或混合类型的通道，其形态特征的定型和形成基于它自身具体和历史的动态发展和功能演变。它代表了人们的迁徙和流动，代表了一定时间内国家和地区内部或国家和地区之间人们的交往，代表了多维度的商品、思想、知识和价值，并代表了因此产生的文化在时间和空间上的交流和相互滋养，这些滋养长期以来通过物质和非物质遗产不断得到体现”。“文化线路”是一种具体的、动态的文化景观，是“建立在动态的迁移和交流理念基础上，在时间和空间上都具有连续性”；“强调不同国家和地区间的对话和交流”；“是多维度的，有着除其主要方面之外多种发展与附加的功能和价值，如宗教的、商业的、管理的等”（单霁翔，2009）。“文化线路”改变了过去世界遗产对人类文明的“点”状展示，而带来了以重大的人类活动为脉络的“线”性区域展示，更加真实、准确地反映了人类文化的发展与传播，也使在世界范围内构建以“文化线路”为经纬的世界遗产保护网络成为可能（李林，2008）。“文化线路”通常是大范围、大尺度的遗产资源。概念提出至今，已有许多国家和地区的“文化线路”遗产进入《世界遗产名录》，成为世界遗产保护的热点之一。

“文化线路”是文化遗产体系中提出的一个旅游新概念，它极大地丰富了文化遗产旅游的内涵，对文化遗产保护事业的发展具有重大而深远的影响，是世界遗产保护界的热点之一。

近年来，学者们对南方丝绸之路这条文化线路的研究逐渐增多。早些时候，学者们对南方丝绸之路的研究主要强调南丝路文献整理的起源问题而忽视其发展问题，从而与当代社会发展新方向的结合度不够。当然，现在段渝、蓝勇、屈小玲等前辈已经把南方丝绸之路的研究范围逐渐扩大、加深，与现代社会发展的研究结合更加紧密。

我们清楚地认识到，南方丝绸之路是“一带一路”的重要组成部分。空间上，它在西南地区，既与北方丝绸之路互相呼应，又通过云南出境与海上丝绸之路相通，向南连着南太平洋区域，向西连着印度洋区域。五尺道沿线文化遗产遗迹众多，但都分散于偏僻的山间，如何保护好这些遗迹并将它们很好地贯穿起来为旅游开发所利用，创造良好的社会效益和经济效益，走可持续发展之路是当下亟待解决的重要问题。

本书前期做了多年准备工作，吸收了前人的研究成果。因为各种主客观因素，交稿后延误了一年多才正式出版。虽然进行了多次勘误纠正，但因为作者水平有限，书中疏漏之处在所难免，恳请读者批评指正。

杨艳蓉

2020年12月

目　录

南方丝绸之路——综合篇

一、南方丝绸之路概述

2 000多年前，勤劳的亚欧大陆人民用汗水和智慧打通了多条连贯亚、非、欧大陆文明的商贸文化交流之路——丝绸之路。“丝绸之路”这一名词自19世纪70年代提出至今已有100多年。古老的丝绸之路包括北方丝绸之路、海上丝绸之路和南方丝绸之路三条，它们都是我国乃至世界的珍贵的线性文化遗产。长期以来，人们的关注点大多集中在由长安出发，再经河西走廊到西域，经中亚然后抵达罗马的北方丝绸之路。而海上丝绸之路是指由东海至南海经印度洋航行至红海的线路。北方丝绸之路、大运河等都进入了申报世界文化遗产的预备名单。随着收入遗产名录遗产数量的增加，剩下的世界级的线性文化遗产也寥寥可数，人们将眼光伸向了跨越范围小一些的区域，在城市化加速发展和大规模城乡建设过程中，这些文化遗产的保护也面临着巨大的压力。如何在这些有限的资源中挖掘有价值的文化遗产资源来进行开发、保护，是当前亟待解决的问题。在这样的背景下，对当地地区经济和文化发展产生极大影响的文化线路——“南方丝绸之路”进入了人们的视线。

秦汉时期，在今云南、贵州及四川南部地区聚居众多少数民族，当时他们被统称“西南夷”。西南夷（汉代对四川盆地以西和以南居民的统称）中的各民族群体，多处在闭塞落后、独立发展、政治割据的状态中。当时西汉政府对西南夷地区实行闭关政策，民间商业活动带有走私性质，朝廷并不知道当时民间的商业活动通道，因此汉王朝才派遣使者四处寻找经身毒通往大夏的路（段渝，2008）。《史记·西南夷传》中的记录可以解开南方丝绸之路是否存在的疑惑，这也应该是中印交通道路最早的记录。书中道：“张骞使大夏来，言居大夏时，见蜀布、邛竹杖。使问所从来，曰：‘从东南身毒国。可数千里，得蜀贾人市。'……骞因盛言大夏在汉西南，慕中国，患匈奴隔其道。诚通蜀，身毒国道便近，有利无害。于是天子乃令王然于、柏始昌、吕越人等，使间出西夷西，指求身毒国。"“大夏”指今阿富汗，“身毒”指今印度。早在汉代（公元前122年）张骞出使西域的时候，其就已经发现当时的大夏（今阿富汗）商人从身毒（今印度）贩运的（四川）的产品，一是邛杖，二是蜀布。在张骞给汉武帝的报告中可以得见，在张骞尚未打开通往西域，开辟北方丝绸之路以前，就已经有一条从四川出发，经印度至中亚的商道了。蜀文化与滇文化的联系，蜀文化从南亚、中亚以至西亚引进而入的某些文化因素，都是由这条道路往来进行的。这就是现今的“南方丝绸之路”。南方丝绸之路比公元前2世纪张骞开辟的北方丝绸之路及《汉书·地理志》中记载的东南“海上丝绸之路”要早2个多世纪，而且是我国西南与西欧、非洲距离最短的陆路交通线（江玉祥，1990）。

二、南方丝绸之路存在与否的中外争论

（一）肯定“存在”说

江玉祥先生在所著的《再论古代中国西南“丝绸之路”》中，探讨了中外学者对南方丝绸之路的不同观点。列举如下：

法国汉学家保罗·伯希和（Paul Pelliot）撰《交广印度两道考》，书中认为在公元2世纪前“中国与印度已由缅甸一道发生贸易关系”。英国学者哈威的《缅甸史》指出，上缅甸①“其地固与中国为邻，且自纪元前2世纪以来，中国已以缅甸为商业通道。”英国李约瑟和历史学家霍尔都曾指出：在中国和印度之间，通过云南和缅甸或阿萨密有一条商路。中国近现代学者梁启超撰写的《中国印度之交通》，列举古代中印之间的交通线路有六条，第六条就是“滇缅路”。“滇缅路，即张骞所欲开通而卒归失败者也。”

缅甸历史学家波巴信说，上缅甸约在1 700年前，由于它位于西方的罗马和东方的中国互相往来的陆上通衢之间，就成为中国和印度之间的陆上枢纽。此外，印度的学者雷义（Haraprasad Ray）教授的论文《从中国至印度的南方丝绸之路——一篇来自印度的探讨》，用孟加拉国、阿萨姆和东北印度其他地

① 一般的说法是，大致以缅甸曼德勒省南部、现首都内比都为基点对东西方向划线，线上（以北）为上缅甸，线下（以南）为下缅甸。

方发现的新的考古资料，阐明了南方丝绸之路的来龙去脉。雷义先生认为，南方丝绸之路的存在早于中亚丝绸之路的推广和佛教传入中国。

中国近现代学者梁启超在20世纪20年代，撰写了一篇题为《中国印度之交通》的文章，其中列举出古代中印间的交通路线共有六条，其中一条为“滇缅路”。“滇缅路，即张骞所欲开通而卒归失败者也”。张星烺在1930年出版的《中西交通史料汇编》第一册附录《“支那”名号考》一文中说：“据《史记·大宛传》载张骞自西域归告，已明言印度与中国，在西南方久有交通。滇越国，以今地理考之，当在大理府。当时蜀贾已有贩运货物至其他者，印度人或即在滇越国与蜀贾交易，而更转运邛竹杖、蜀布至大夏也。此商道何时开通，史无详言。以理推之。当必甚早，在秦时已然矣。”

抗战时期，方国瑜先生的《云南与印度缅甸之古代交通》考证了从远古时代以至元朝以前云南与印度缅甸的交通状况。文章指出，古代中印两国交通“约有三途：一自葱岭，一自南海，又其一则滇蜀；而葱岭南海之道远，滇蜀之道近，中印文化之最初交通，当由滇蜀道；然此道以地理环境之特殊，民族种落自保其疆界，而未融洽，虽有交通，未能畅行；故汉以后往还中印之间者，或逾葱岭，或浮南海，取道滇蜀者少；惟缅甸，则因大金沙江航行，可直达滇之西境，自滇以至中国，其道至便，故常通焉。”（江玉祥，1995）葱岭、南海、滇蜀三道，即如今的西北丝绸之路、海上丝绸之路和南方丝绸之路。当时，与方先生持基本相同观点的还有姚宝猷、郑德坤、夏光南、严德一、丁山、卫聚贤、向达、芩仲勉等。学者们都认为蜀身毒国道是中印交通最早的一条道路。而且大部分学者认为依据《史记·西南夷列传》，它的存在时间应该早于公元前2世纪张骞通西域的时间。

（二）否定“质疑”说

关于南方丝绸之路的讨论，也有部分学者持有不同意见甚至是截然相反意见。国内的有代表性的观点有：①夏鼐《中巴友谊的历史》（1965年）；②吕昭义《对西汉时中印交通的一点看法》（1984年）；③王友群《西汉中叶以前中国西南与印度交通考》（1988年）；④顾学稼《南方丝绸之路质疑》（1993年）。这些学者的中心观点是在西汉中叶以前或张骞所处时代，不可能存在一条“蜀身毒国道”或“西南丝绸之路”。为此，江玉祥先生总结了上述学者的论据，包括以下三条：第一，自然条件艰险，商贩不可能安排很长距离的旅行；第二，沿途经济落后，不可能为贸易的发展与商道的开辟提供条件；第三，商贾无法穿越原始部落控制的地区。

江先生在书中也总结到持“肯定说”的学者的意见。一是他承认南方丝绸之路自然条件的艰险。道路的艰险、自然条件的恶劣并非人力不能克服。西南少数民族在长期的交往中创造了征服深谷急流、江河险阻的交通设施——栈道、溜索和索桥。溜索和索桥在秦时被称为笮桥、绳桥、悬度，不仅人可以通过，动物和货物也可以通过。用悬车束马的方式可以过几百匹马，至今在西南横断山区还能见到这些惊险情景。笮桥即竹索和藤索桥。秦时金沙江名叫“绳水”，也是因江上多绳桥而得名。而且南方丝绸之路上商人赖以负重的交通工具是笮马（筰马）。《史记·西南夷列传》中记载：“巴蜀民或窃出商贾，取其筰马、僰僮、髦牛，以此巴蜀殷富”。《华阳国志·南中志》称筰马为“滇池驹”“马日行千里”，《水经注》和《新唐书·南诏传》等书都有关于“筰马”的记载。不同时代对此马的称呼不同，近代称之为建昌马。筰马形体小，善于山地行走，且能负重致远，是南方丝绸之路商旅的理想帮手。二是关于“沿途经济落后，不可能成为贸易的发展与商道的开辟提供条件”的问题。顾学稼、王友群、吕昭义先生都认为西汉中叶以前，这个地区的经济发展水平非常落后，当时的经济条件还没达到修建一条有规模的贸易商道的能力。而《史记·西南夷列传》记载：“秦时常頞略通五尺道，诸此国颇置吏焉。十余岁，秦灭。及汉兴，皆弃此国而关蜀故徼。巴蜀民或窃出商贾，取其筰马、僰僮、髦牛，以此巴蜀殷富。”此外，《史记·货殖列传》：“巴蜀亦沃野，地饶卮、姜、丹沙、石、铜、铁、竹、木之器。南御滇僰、僰僮。西近邛筰，筰马、髦牛。然四塞，栈道千里，无所不通。”《汉书·地理志》也多有关于巴蜀土地肥沃、物产丰富的记载。

此外对于官方无法通过南方丝绸之路，那么商贾也更无法通过的说法，我们可以从《括地志》等古籍中有关凉山地区和昆明地区的内容中了解到，新中国成立前当地的“保商”或“保头”，其实就是保证商贾通过的中间人和保镖，商贾为了安全通行这些地区，必须一程一程地找保头提供保护，辗转买道前进，而保头们通过向投保者收取买路费来赚取费用。

由上所述，无论是在古代还是近代的文献中，我们都能找到南方丝绸之路存在的有力佐证。

三、“五尺道”“灵关道”“永昌道”与南方丝绸之路

相比过去，世界遗产以“点”状形式展示人类文明，而“文化线路”以

重大的人类活动为脉络，“线”性展示人类文明，更加真实、准确地反映了人类文化的发展与传播，也使在世界范围内构建以“文化线路”为经纬的世界遗产保护网络成为可能（李林，2008）。南方丝绸之路研究由来已久。当今社会的普遍认同的观点为南方丝绸之路是以蜀文化的中心——成都为起点，在四川境内分为东、西两路，西线和东线在云南大理汇合成一道，继续西行，进入缅甸。随着我国“一带一路”倡议和西南经济发展战略的逐步实施，新时代背景下的南方丝绸之路的重要作用日益凸显。

（一）南方丝绸之路

由于历史已久远，近年来学者们对南方丝绸之路进行的综合考察，证实南方丝绸之路国内段的起点都为蜀文化的中心——成都，然后分为东、西两道。

南丝路东线北起成都，顺岷江而下，经彭山、乐山、犍为至宜宾，再沿秦“五尺道”（僰道）南行，经高县、筠连向西折入横江河谷，经豆沙关、大关、昭通至曲靖，而抵昆明地区，再从昆明至大理。西线灵关道由成都经邛崃、名山、雅安、荥经、汉源、越西、喜德、泸沽、西昌，到达会理以后，折向西南，经攀枝花市至云南大姚。东西线在大理交汇以后被称为“博南道”或“永昌道”，其经保山、德宏到缅甸和印度，或经保山、腾冲至缅甸、印度阿萨姆等地，成为连接南亚、西亚甚至是欧洲的古代通商贸易和文化交流通道（江玉祥，1995），即历史上有名的“蜀身毒道”。

根据史料，南方丝绸之路对比北方丝绸之路有两大特点：第一，南方丝绸之路开发时间比北方丝绸之路更早，江玉祥（1990）指出，“南方丝绸之路比公元前2世纪张骞开辟的北方丝绸之路及《汉书·地理志》记载的东南‘海上丝绸之路’要早2个多世纪，而且是我国西南与西欧、非洲距离最短的陆路交通线。”第二，相比较于北方丝绸之路，南方丝绸之路里程更短，安全系数更高，因为北方丝绸之路道路艰险，且“羌人恶之”或“为匈奴所得”（行路不安全），这也是南方丝绸之路兴盛不衰的重要原因。两千多年来，南方丝绸之路一直是我国西南地区的国际通道，在中外社会、经济、文化交流中起到了重大作用。对现存研究进行比较，笔者发现，关于南方丝绸之路的研究对比有关北方丝绸之路的研究则稍微逊色了些，这与南方丝绸之路的历史地位极不相符。学者们着手南方丝绸之路的研究始于20世纪40年代。2013年国家提出“一带一路”（“丝绸之路经济带”和“21世纪海上丝绸之路”）倡议，学者们对于这条线路的研究开始增多。事实上，南方丝绸之路有着丰富的历史内涵和独特的历史特征，具有进一步深入挖掘的重大学术价值和现实意义。2 000

多年来，我国的丝绸布帛、金银瓷器、食盐等农副产品通过这条丝绸之路，源源不断地输往东南亚和印度，而东南亚及印度的珠宝玉石等也由此路输入中国。2016 年 12 月，在“丝路之魂——敦煌艺术大展暨天府之国与丝绸之路文物特展”中，来自全国 60 多家博物馆的 200 多件文物，一展北方、南方和海上三条丝绸之路沿线地区的历史底蕴。其中，四川双流生产的唐代蜀锦“黄色龙纹绮”及老官山汉墓出土的可以提花的汉代织机，这些古代的“四川造”产品，成为天府之国通过三条丝绸之路连通世界的印证。这些考古出土的文物和历史文献，不仅证明四川是三条丝绸之路的交汇点和枢纽，而且传播和输出了四川当时的先进生产力。四川能够在丝绸之路有着重要的历史位置，是四川文化包容、开放、创新的结果。

（二）“灵关道”与南方丝绸之路

汉代灵关道是成都通往西南地区的交通要道，也是南方丝绸之路上历史最悠久、路况最险要的一条路。这条道路主要指“蜀身毒道”的西道，即在先秦时，由成都（古蜀都）至邛崃（古临邛）的“临邛道”，经芦山、天全，沿青衣江而下至荥经（古严道），这条路被称为“青衣道”或“始阳道”。由荥经经过汉源（古窄都），汉称“灵关道”，又称“牦牛道”，唐则称“清溪道”。南诏以后，从西昌至会理（古会无）进云南大姚（古青岭），大理（古叶榆），这条路则被称为“建昌道”或“会同路”。“灵关道”上的著名关隘，最早见于《史记・司马相如列传》：司马长卿略定西夷，邛、筰、冄、駹、斯榆之君皆请为内臣。除边关，关隘斥，西至沬、若水，南至牂牁为徼，通零关道，桥孙水以通邛都。《汉书・西南夷传》云，“自滇以北，君长以十数，邛都最大”。但关于灵关关口的具体位置，学者们的争论一直未停歇过，主要的说法有：宝兴、芦山灵关；甘洛、汉源交界灵关；峨边灵关……其中学者兰勇（1992）和段渝（2008）指出，宝兴、芦山灵关是唐宋地名，年代和方位与南方丝绸之路都不吻合；而甘洛、汉源灵关才是汉晋时期的南方丝绸之路上的灵关；包括近几年地方学者们提出的乐山峨边灵关其实也是唐代所建。“灵关道”应是从邛崃、荥经开始，进入汉源、西昌、云南等地的重要通道。这与现在的由川至滇的 108 国道走向基本一致。

（三）“五尺道”与南方丝绸之路

秦汉川滇五尺道，是西南各族人民经济发展、商业贸易、文化交流的重要路径。五尺道是南方丝绸之路的东线，是中国历史上最古老的古道之一。它既是秦汉时期，为开发西南地区而修筑的由蜀入滇的第一条官道，也是中国古代山区道路工程量最大的一条道路。对于“五尺道”出现在何时，它到底是行政区划还是一条古道，有专家和学者对此进行过研究和激烈争论。2010 年 4 月，由四川省文物考古研究院联合国家博物馆发起的“五尺道—石门道—盐道”考古探险考察活动在宜宾举行并取得重大成果。考察活动后，专家们明确了古道“五尺道”的存在，他们认为“五尺道”系重要的线性文化遗产，是一条古道，是历史上四川取道滇东北到今云南的交通路线，不是行政区划。五尺道到滇后西出至叶榆（今大理）与“蜀身毒道”西夷段再连接，直抵身毒（印度）、大夏（阿富汗）再延伸到欧洲罗马。这样，它就把欧亚各国连接在了一起。五尺道以其拥有的遗产元素多样、分布范围广、保存情况复杂、具有极大的开发前景等特性，在国际上日益受到关注和重视，是中原与西南地区各族人民商业贸易、文化交流的重要文化线路，也是极其宝贵的非物质文化遗产之一。五尺道距今已有 2 000 多年历史，五尺道是与秦长城、阿房宫、始皇陵、灵渠、直道、驰道并称的秦朝“七大工程”。其沿线遗迹众多，如何在保护中发扬五尺道文化，进行线性文化遗产旅游合作，真正融入国家“一带一路”倡议发展中，是当前亟待解决的问题。

秦朝开辟五尺道打通了首都咸阳经四川与云南东部的联系，并且政府委派官吏入滇治理，使五尺道成为秦帝国的组成部分。从此，中原王朝便开始了对西南夷地区的经营开拓。他们沿途设郡县、置官吏、建驿站、平叛乱、施安抚，这些随着道路的延伸而收到积极效果。特别是西汉以后，川滇古道，历代相沿，沿途的商队马帮，肩挑背负，无不由此北上中原，南下滇黔。中原、巴蜀众多的汉族人民带着先进的农业和手工业技术以及丰富的物产，踏上这条通道开向西南边疆，促进了西南民族地区的经济开发和社会发展。

秦汉川滇五尺古道，在历史上发挥了巨大的作用。五尺道历来是南方丝绸之路不可分割的一部分。五尺道沿线出土了沿海才有的“贝币”，张骞通西域在大夏看到的邛竹杖和蜀布，以及三星堆遗址出土的青铜神树，不见于古代中国的其他地区，却在埃及、希腊、南亚古代文明中屡见不鲜，这些都表明了古蜀文化与中东地区和地中海之间有着密切的联系，更说明了南方丝绸之路甚至可能比北方丝绸之路开发时间还要早。

（四）“永昌道”（博南道）与南方丝绸之路

永昌道，其因途经古永昌郡（今云南西部大理、保山、德宏等）地而得名，自古以来就是我国南方陆上丝绸之路——蜀身毒道从四川成都出发，经云南西部前往缅甸、印度的必由之路。它是南方丝绸之路在国境内的最后一段，因经过永平县的博南山又被称为“博南道”。《后汉书》卷七十六《南蛮西南夷列传》载：“东汉永平十二年（公元 69 年）哀牢王柳貌遣子率种人内属，其种邑王者七十七人，户五万一千八百九十，口五十五万三千七百一十一。西南去洛阳七千里，显宗以其地置哀牢、博南二县，割益州郡西部都尉所领六县，合为永昌郡，始通博南山，度兰仓水。行者苦之，歌曰：‘汉德广，开不宾。度博南，越兰津。度兰仓，为他人。’”这一段文字说明，哀牢县、博南县和永昌郡的设立，使汉武帝谋求开通的西南国际通道，至此得以打通，也使永平（博南）成为滇西较早设治开发的地区。其中记载的这首古老歌谣，生动描述了博南道开发的艰难险阻，为后人研究博南历史提供了重要佐证。后来的《华阳国志》记载：“博南县西山，高三十里，越之渡澜沧水，汉武帝通博南山道即此”，这句话反映了博南县及博南古道的历史、方位、环境等情况。由此可见，这条古道最早开辟于公元前 4 世纪的战国时代，是当年四川商人向南亚各国输出蜀布、邛竹杖等中国商品的民间通道。而商人再将国外的棉纱、小百货、煤油、宝石等运回国内进行交易，使沿途经济得以发展。印度佛教在沿线传播，掸（缅甸）人的乐队和杂技在东汉时传入洛阳宫廷，也是中国通过永昌道与南亚各国进行文化交流的结果。

秦汉统一以后，特别是东汉永昌郡建立以后，永昌道被正式纳入西南地区官营驿道网络，历经隋、唐、宋、元、明、清各代的不断演变发展，成为我国各朝经略西南，与东南亚、南亚各国进行经济文化交流的主要通道，直至民国滇西抗战期间被新修的滇缅公路和中印公路取代，前后长达 2 400 年。古道东起大理接昆明—楚雄—大理古道，向西经漾濞、永平，过澜沧江至保山市境，由保山向西分北、中、南三路渡怒江，翻过黎贡山至腾冲城，再由腾冲城分四路经腾冲猴桥（古永）、德宏州梁河、盈江、陇川等地出境至缅甸密支那、八莫等地再转往印度、斯里兰卡、巴基斯坦等国，单线总里程约 600 千米，复线（含主线、支线）总里程约 1 500 千米。由于古道开发早、沿用时间长，古道沿线留下了各个时期的道路遗迹、古渡桥梁、邮驿站点、关隘哨卡、战场遗址、宗教庙堂和相关的碑刻题记等众多历史遗迹，对我们全面了解、认识我国西南边疆的开发、发展史和对外经贸文化交流史，均具有重要意义（李枝彩，2016）。在现当代，博南古道、滇缅公路、320 国道、大保高速公路以及大瑞铁路，都在博南山段重合，不同的只是它们分别以翻越、绕行、穿透三种形式跨越了博南山这道不变的屏障，这不是机缘巧合，而是佐证了博南山在中国交通史上的重要性和战略意义，也佐证了先人们开辟修建博南古道的前瞻性。

南方丝绸之路——五尺道篇

一、五尺道概述

（一）五尺道的修建时间

周宏伟在《五尺道即石牛道考》一文中指出五尺道的最早修建时间应为秦始皇之前110余年的秦惠王时期。据宋代著名类书引梁载言《十道志》曰："戎州，南溪郡。春秋僰侯国。秦惠王破滇池，始通五尺道。汉武得蜀，故使唐蒙理道於此，而破牂柯，即此道也。后为僰道县，以属犍为郡。"此可谓较新的提法。随后有赵志强撰文《五尺道是石牛道吗——与〈五尺道即石牛道考〉一文商榷》，引西汉扬雄《蜀王本纪》、三国时人来敏《本蜀论》和《华阳国志》关于石牛道的记载，证明石牛道乃汉中入蜀地之道。鉴于这三本书神话色彩浓厚，纪实性不强，赵志强又引北魏人郦道元所著的《水经・沔水注》和唐代地理总志《括地志》《元和郡县图志》为证，秦石牛道北移至秦岭，而此类说法并无可靠的史实依据，赵并不赞同。概括而言，无论石牛道乃何种路径，都能说明石牛道并非五尺道，所以五尺道开辟时间在秦始皇以前的证据显得略微单薄，目前大家公认的开辟时间是秦始皇时期。

据《蜀王本纪》《华阳国志》等记载，蜀王杜宇曾涉足朱提（昭通），五尺道在这个时候已初步成形。"五尺道"始于秦朝的说法更为妥帖，原因有三。其一，因五尺道或于秦之前有所开凿，已有考古发现证实。春秋战国时期，千倾池（昭通）到僰道（宜宾）、成都之间已经有密切往来，时称"僰道""蜀身毒（印度）道"。只是"五尺道"当时还是羊肠小道，尚未从政府层面进行开拓或贯通，规模不大。其二，因所见最早于公元前96年前后司马迁《史记》："秦时常頞略通五尺道，诸此国颇置吏焉。"常頞（又书：尝破）为秦官，《中华历史大辞典》"常頞"条：奉秦始皇之命，经略西南，开通自四川到云南的五尺道。在李冰主持修建都江堰，开凿川滇边界的僰道（宜宾）通往滇东北的道路的基础上，秦朝派常頞打通并向南扩大五尺道，并派官吏进行专门管理。其三，五尺道发生在庄蹻入滇之后。庄蹻入滇为我国战国时期重要事件。司马迁《史记》卷116《西南夷列传》中，其文曰：始楚威王时，使将军庄蹻将兵循江上，略巴、蜀、黔中以西。庄蹻者，故楚庄王苗裔也。庄蹻入滇后，为蜀郡守的李冰“与王垒（后人附会于李冰之子）穿二江顺流而下叙州，始通僰青衣道，置僰道（县）于三江口”。

西汉政府于高后六年，在今宜宾西南设立僰道县，汉武帝时期，生产力恢复，经济强盛，政府便开始注意到西南夷地区，对五尺道一线的开通尤为重视。在秦开五尺道的基础上，汉武帝派唐蒙出使番禺，并派兵进军西南夷地区打通西南夷道。后又有司马相如“除边关，关益斥，西至沬、若水，南至牂牁为徼。通零关道，桥孙水，以通邛都”。至此，由东西两路入西南夷的通道全部凿通，僰道县扩展成为犍为郡所辖十二县之首县，曾同为郡县治所，成为当时掌控西南缴外的重要边城和口岸。

公元前221年，秦灭六国一统天下，为加强其对边疆地区的统治，于西南夷“开道置吏”。秦蜀官吏常頞在战国李冰父子修筑的“焚道”的基础上，“略通五尺道，诸此国颇置吏焉”。秦王朝昙花一现，刚开通的“五尺道”因中原战事复又中断。西汉高后六年（公元前182年）复议西南事，于焚道故地置焚道县，作为经略西南的据点。至武帝时，又开通往西南地区的“西南夷道”（管彦波，2000）。

（二）五尺道的线路走向

五尺道，地处西南横断山脉东南缘岷江段，自古是氐羌为主的南北民族迁徙走廊。公元前8世纪前后，为杜宇从南中沿岷江北上汶山（岷山）主蜀之僰道。先民劈山通道，至秦时遗迹尚存（有学者根据关于杜宇入蜀的记载，认为五尺道线路开凿的年代在商代晚期）。《史记·五帝本纪》中记载“黄帝娶西陵女嫘祖，生二子，青阳居江水，昌意居若水。”《水经注》曰：“江水、若水，皆在蜀。”江水、若水即今天的金沙江和岷江，两江皆经过宜宾。秦汉时期，在今云南、贵州及四川南部地区聚居众多少数民族，这些少数民族被统称为“西南夷”。西南夷中的各民族群体，多处在闭塞落后、独立发展、政治割据的状态中。公元前221年，秦始皇统一中国，在云南设置郡县，开“五尺道”，开启了中国历史上对西南夷的管理（有学者从秦法角度进行研究，其认为五尺道的开凿并不是始于秦，本文采用秦时开凿之说）。《汉书》颜师古注曰："其处险扼，故道才广五尺"。按秦朝一尺相当于现在的27.65厘米，五尺宽大约合今日的1.4米，而秦汉时期马车的车轮距离宽约为1.5米，在五尺道上通马车是不可能的，所以五尺道上只能通过单只的马匹，这与五尺道遗迹考证十分吻合。

《华阳国志·南中志》朱提郡条："自僰道至朱提，有水步道，水道有黑水及羊官水，步道渡三津。"黑水指古符黑水，即今南广河。因汉武帝建元六年（公元前135年）在符黑水流域置南广县，亦名南广河，沿用至今。南广河发源于川滇边境大雪山北麓古南广县境内（现为云南镇雄），终点在宜宾市南广镇入长江。《水经注·江水》僰道县条："江水与符黑水合，水出南广郡南广县，北迳僰道入江，谓南广口。"是谓五尺道始筑于南广口，溯南广河向南出川入滇。《论丛》引《两汉书补注》载："叙州庆符县，南五里即五尺道。"时南广隶属叙州府庆符县，位于府治南五里。羊官水是指朱提江（唐代称呼），亦称石门江，即今横江（云南境内也称关河）。横江是金沙江下游右岸一级支流，发源于贵州威宁草海，横跨川、滇、黔三省，自南向北流至云南大关县，与洒渔河、牛街河汇合后始称横江，流经云南盐津县、水富县和四川宜宾县。三津指古定水（今筠连河）、横江、洒渔河。洒鱼河是横江上游。

关于"五尺道"的起讫，根据唐代李泰撰《括地志》，参照北魏郦道元所著《水经注·江水》，为从四川宜宾至云南曲靖（北起宜宾、南至曲靖），这点学者们大都认同。而五尺道的走向选线，特别是重要的川滇结合部的宜宾段等问题，现存的《史记》《汉书》《华阳国志》等历史文献记载大多过于简略，寥寥数语且语焉不详，致使当今学术界为之争论多年。任德清（2010）认为五尺道："经今高县—筠连—镇雄—盐津—昭通"。余宏模（2008）《秦汉僰道与开发夜郎》述："五尺道"以僰道为起点，即始于今川南宜宾，经高县、珙县、筠连入云南境，过盐津、大关、彝良、昭通，经过今贵州的威宁、赫章，再入云南宣威、曲靖。何自安、龙仕跤等（2011）认为五尺道是从四川的宜宾开始，经川南的庆符、高县、珙县、筠连，入滇东北的盐津、大关、昭通，经贵州的威宁又入云南的宣威，达曲靖。笔者在《论"五尺道"宜宾段的历史研究和现实意义》一文中也详细探讨了五尺道线路，在2017年也做过更详细的调研报告。周基华（2018）在《川滇古道宜宾段走向考辨》中通过研究大量史料，认为"川滇交通干线在宜宾境内的走向都是从宜宾城出发—柏溪—安边（渡金沙江进横江河谷）—横江镇、云南水富楼坝镇—张窝—捧印—凤仪新场—燕子坡（渡横江河）—盐津（豆沙关）—昭通"。这个线路的走向和笔者意见相同。

通过反复走访和实地调研，结合西南地区地理和实际情况，笔者认为不同时期的五尺道在宜宾都以陆路为主，主要沿南广河而行，遇不能通过之处再借道水路。五尺道其中一条主线为东线：宜宾市翠屏区南广镇至高县月江、大窝、来复、贾村、庆符、罗场，过筠连、塘坝，经云南盐津，到达豆沙关，到昭通，至曲靖；另一条主线为西线：沿南广河从宜宾市至宜宾县柏溪镇，到安边，过横江（也称关河），一路陆地沿黄沙、红旗、上坝、同心、黄伏、燕子到云南滩头，再到普洱，与东线在盐津汇合；此外还有一条支线：陆路一段从高县南广河而上经孝儿镇、沐滩乡、到珙县下罗乡、上罗镇、罗渡乡、洛表镇等地进入王家镇（此支线又称南夷道，系西汉时期在五尺道基础上继续延伸开凿），然后进入云南威信、镇雄，直达昭通。另一说法为出川进入贵州毕节（古称平夷县），到达贵州威宁、赫章（古称汉阳县），再至贵州安顺地区（古夜郎国的中心地区），最后取北盘江（古称牂牁江）水道沿珠江水系直下广西、广州、海南乃至东南亚。

（三）五尺道的历史演变

1. 石门道

石门道始建于隋开皇六年（586 年）置开边县时，后不断增修，通达云南大理等地，因地经石门而至隋时南宁夷以及唐时南诏所据洱海一带，故称“石门道”。因为“五尺道”有些地段特别险峻难通，尤其是“石门关”（今宜宾高县石门关，也有一说法是指云南盐津豆沙关）更险，是“五尺道”的一大天险。“隋开皇五年（公元 585 年）率益、汉二州兵所开（通）”，后称为“石门（关）道”。对于“石门关”的确切地点，学者们有诸多争论。早期有学者认为其确切地点是宜宾高县的石门关，如早期的《中国古今地名大辞典》、上海辞书出版社 1979 年版《辞海》、武汉大学《简明历史辞典》《中国名胜词典》等辞书，都认为秦五尺道和隋唐石门道经过今高县（原在庆符县境，1950 年庆符并入高县）石门山，并因此山名而命名石门道。但近年来，部分学者经考证认为是云南盐津豆沙关。这里引兰勇先生的观点来做介绍。首先从位置上看：樊绰《蛮书》卷 1 载：“从戎州南十口程至石门……”今天从唐戎州的宜宾到高县石门山仅 100 千米左右，不可能如《蛮书》所载十日程。而今盐津石门关沿横江而上经安边到宜宾公路约 150 千米，正好与《元和郡县志》卷 31 载戎州“西南至石门镇三百里”的直线距离相吻合，也才能和《蛮书》上载的十日程相吻合。南宋《舆地纪胜》卷 163《叙州》下引《韦南康赞》：“叙之石门乃隋史万岁南征之道。”这里的“叙之石门”乃指宋代叙州所属的“叙州三路蛮”中的“石门蕃部”之地的石门，应在宋石门江（今横江）岸的盐津豆沙关，而不是当时黑（今南广河）庆符县石门镇。其次，从碑刻遗迹和地形上看，唐代樊绰《蛮书》卷1记载，唐石门道附近险状“横阔一步。斜亘三十里，半壁架空，敬危虚险。”这正是今盐津豆沙关的真实描述。今豆沙关临大关河（唐朱提江、宋石门江，今横江），两扇石屏雄峙，高耸入霄，相距二三十丈，远观俨然一石门；豆沙关西南、东北横江两岸三十多里江面与两岸石壁陡直，高差在500~800米。但今高县石门山位于南广河（唐宋称符黑水或黑水）边，两岸山势平缓，峡区不到5千米，高差仅200米左右，与唐人记载迥异（兰勇，1992）。高县石门的现存最古石刻系明万历年间四川巡抚曾省吾在征“九丝蛮”时留下的一首五言诗，其余多是清代所遗石刻，而盐津豆沙关还留有唐代袁滋摩崖石刻。

2. 南夷道

西汉武帝元光六年（公元前129），为联合夜郎（今贵州地区）攻打南越，汉武帝派唐蒙为中郎将率巴蜀兵民大规模续修改建五尺道，公元前112年完工，因当时路通“兰夷”之地，史称南夷道或夜郎道。南夷道在云、贵两省的路线说法纷纭。可以确信的一点是，南夷道肯定经过贵州地区。除前面五尺道线路介绍的两条分支线外，还有一说法是南夷道从今四川省宜宾起，经盐津、大关逆白水江而上，经彝良牛街、镇雄芒部、贵州赫章、威宁，云南宣威直达曲靖。三国、两晋、南北朝战事频繁，太康七年（286年）朱提江云川交接段发生大地震，南夷道许多地段被震塌，道路随之荒废。

3. 古时的茶、盐南输通道——“川盐古道”

南方丝绸之路和茶马古道两条大道并为西南山区两大重要交通体系。它们对于西南区域对内对外的经济交往都起到了举足轻重的作用。从茶马古道的名字即可知，此道上主要的运输物资是茶叶和马匹；而南方丝绸之路上交流的物资更为丰富，铜、食盐和茶叶是南方丝绸之路上最为主要的运输物资，此外，蜀锦、琉璃、宝石、滇西粉丝、土特产品等也成了南丝路上的运输物资。其中盐作为特殊的商品在相当长的时间内作为硬通货通行内陆大片土地。在川盐行销的范围内，因盐而设邑、因盐而施政的实例，各地方志、史料均有详细记载（杨雪松等，2009）。如此说来，盐业经济其实应早于丝绸经济，人类各种活动遗迹都表明产盐时间要早于产丝时间，盐业产于新旧石器时代交替的时候，而丝绸业起源于新石器时期中叶。所以杨雪松、赵逵认为南方丝绸之路应该命名为“川盐古道”。明朝中叶以后，资本主义萌芽，消费力进一步提升，石门道发挥的作用愈来愈明显。清中叶后，贵州毕节至宜宾的石板驿道连通，商业愈加繁荣，宜宾城南设铜关，城北设盐关管理税收、水运，朝康雍乾时期，社会稳定，经济繁荣，宜宾以其独特的地理位置，成为西南地域的物资集散地。云南省大量的土特产品和铜矿经过航运和马帮运至宜宾，宜宾的丝绸、棉麻、药材、盐、酒等经南方丝绸之路贩运至云南。宜宾成为川南最大的物资集散中心。

4. 抗战时期的物资输送大道

民间古通道通常以起点和终点来命名。如从四川出发经过云南通往古印度的古代道路被称为“蜀身毒（今印度）道”，从云南通往古缅甸的古代道路被称之为“骠国（今缅甸）道”，从云南通往越南的古代道路被称为“滇越道”，从云南盛产茶叶的勐海出发穿越西双版纳，入大理、经丽江、过中甸，驮运茶叶到西藏的古代道路被称之为“滇藏道”。

清后期至民国年间，往南有两条重要通道。一条叫“叙昆大道”。此道从叙州出发，经南广、月江、高县、筠连、昭通、曲靖、昆明到大理，这条大道沿袭“五尺道”的路径。另一条叫“叙黔大道”。叙黔大道从宜宾出发，经南广、月江、龙头、红桥、古宋、叙永（清时称永宁）、毕节到贵州。

抗日战争时期，为了打破日军对中国大陆海岸的封锁，中美两国先后联合修筑了滇缅公路（1939 年通车）和中印公路（1945 年 1 月通车）。滇缅公路，即从缅甸腊戍到中国昆明的公路，它原本是为了抢运中国政府在国外购买和国际援助的战略物资而于 1938 年开始紧急修建的，从中国昆明到缅甸腊戍，再与那里的中央铁路连接，直接贯通缅甸仰光港。1938 年 8 月底，经过 20 多万人的艰苦努力，全中国甚至全世界瞩目的滇缅公路终于通车。滇缅公路竣工后，就成为当时中国与外部世界联系的唯一的运输通道，这是一条滇西各族人民用血肉筑成的国际通道，滇缅公路在第二次世界大战中扮演了重要的角色。

1938 年年初，全国经济委员会派工程师罗世英会同川滇代表浦光宗、陈志民及军委会运输联合办事处专员刘吉甫，勘察自四川叙府（宜宾）经庆符、高县、筠连、云南盐津、大关、昭通、鲁甸、会泽至昆明的驿道。原驿道设有叙府、筠连、横江、滩头、普洱渡、吉利铺、盐津、豆沙关、大关、岩洞、五马海、昭通、桃园、红底、海东讯、红石崖、会泽、鹧鸡、羊街、崇明、兔儿关、昆明共 22 个驿站。1938 年 11 月，交通部派工程师朱者赤督修叙昆的改善工程，除上述 22 个站外，根据新路线的需要，设横江、昭通、会泽、昆明、盐滓（新增）五个大站，以便中转货物，还在叙府和昆明两地设置了驿运办事处，沿途各站均设有客栈。1939 年 1 月，国民政府在陪都重庆成立驿运管理所，后改称驿运管理处，并派遣叙昆驿运干线昆明站长马廷壁等人徒步逐站踏勘叙昆全线。整修后的叙昆驿运干线全长 1 120 千米，它虽然是一条人背马驮的商道，却又是一条名副其实的官道。

二、五尺道的历史地位

4 万年前，四川宜宾市境内已有人群生息。古时，此地为僰人聚居之地。汉武帝时期，重开“五尺道”“南夷道”“灵关道”“唐石门道”等通道，至此，今川滇黔交界的宜宾地区便成为历代中原中央王朝经营西南边疆地区的前哨阵地，初具成为西南一条国际通道的规模。这些古道是中国古代山区道路最艰巨、工程量最大的交通工程，同时也是保留遗迹最多、至今2 000多年仍在沿用的古道。它们勾连古今的蜀身毒道、叙昆大道、川云高速，贯通西南，走出国门，无论在中国交通史、政治史、军事史、民族史和经济文化史上，都创造了无数丰功伟绩。

（一）政治军事方面

加强中央集权，促进国家统一。南方丝绸之路作为西南夷地区的唯一疏通要道，在地区统一上起了重要的连通作用。南方丝绸之路经过的地区系川南与滇东北接壤一带，山高水恶，地势险要，崖壁陡峭，路况险峻异常。《华阳国志·南中志》记载：“自僰道至朱提，有水、步道。水道有黑水及羊官水，至险唯行。步道度三津，亦艰阻。故行人为语曰：‘犹溪、赤木，盘蛇七曲；盘羊、乌栊，气与天通。看都濩（泚），住柱呼尹，庲降贾子，左儋七里。又有牛叩头、马搏颊阪，其险如此。’”在宜宾市博物馆里有西汉文帝（公元前179—公元前 164 年）时期的“半两钱范”，它出土于宜宾高县，这件文物的出土说明了宜宾这个地区在西汉的早期就已纳入了汉王朝的统治区域。西汉政府在今宜宾西南设立僰道县。汉武帝时期，生产力恢复，经济强盛，西汉政府开始注意到西南夷地区，对五尺道一线的开通尤为重视。在秦开五尺道的基础上，汉武帝派唐蒙出使番禺，并派兵进军西南夷地区打通西南夷道。后又有司马相如“除边关，关益斥，西至沬、若水，南至牂柯为徼。通灵关道，桥孙水，以通邛都”。至此，由东西两路入西南夷的通道全部凿通，僰道县扩展成为犍为郡所辖十二县之首县，曾同为郡县治所，成为当时掌控西南缴外的重要边城和口岸。

秦始皇统一中国后，通道置吏，五尺道北端为秦国的巴郡，南端直通滇国

（曲靖）。《史记·西南夷列传》记载："元封二年，天子发巴蜀之兵击灭劳浸、靡莫，兵临滇。滇王始首善，以故弗诛。滇王离难西南夷，举国降，诸置吏入朝。于是以为益州郡，赐滇王王印，复长其民。"益州郡是中原王朝对云南实施全面统治的开端。从汉武帝时期，中原王朝并正式开始对西南夷地区进行了政治管控。西汉时期，汉武帝派唐蒙"凿石开道，以通南中，迄于建宁，二千余里，山道广丈余。""建宁"就是曲靖的古称。郡县制度的确立，改变了云南诸部林立、不相统属的局面，大大推进了云南土著民族汉化的进程，有利于中原王朝管辖治理和诸部族经济政治文化发展。南方丝绸之路（五尺道）的开辟，促进西南地区的政权统一，加速了汉族与西南民族的融合，为加强中原、西南、印缅之间的经济文化交流创造了条件。

这条道路尽管狭窄，却与宽达五十步的"驰道"（中国历史上最早的"国道"，始建于秦朝）具有同等重要的意义，名列秦朝八大奇迹之一当之无愧。

2010 年 4 月，在"五尺道考古探险考察"活动中，四川省考古研究院院长高大伦指出，五尺道的起点就在宜宾，基本上沿南广河开凿的这条道路，选线非常科学，其建筑技术、铺路技术、开凿技术都非常高超，堪称中国古代山区道路设计、选线、修筑的典范。

五尺道选线的科学性，不外乎顺其自然，应山川、崖壁走向，步先秦民族迁徙发展之道而穿行。

（二）经济贸易方面

开道通商，贸易繁盛。南方丝绸之路虽与北方丝绸之路、海上丝绸之路同称为丝绸之路，但从丝绸流通的规模、影响力来看，南方丝绸之路上流通的丝绸数量根本无法与这两条道路上流通的丝绸相提并论。而有一样物品则与丝绸的流通形成鲜明对比，从诸多史料和学者的研究中可以看出，东南亚、南亚的海贝很早就沿着这条通道大量流入云南和四川，甚至进入中原地区。在西南地区出土的海贝主要有商周时期（广汉三星堆祭祀坑出土）、春秋战国至两汉时期（基本遍布南方丝绸之路沿线）以及唐宋以后三个时代，以春秋战国至西汉时期的出土海贝最多。现代世居民族中仍大量使用海贝的是傈僳族，而此民族使用的海贝主要来自印度和缅甸。这充分说明从蜀经云南到达身毒（今印度）的南方丝绸之路贸易通道在汉代及其以前就存在，并延续至今。

南丝绸之路也可叫作"蜀布之路"。蜀布是古蜀国销往印缅地区最大宗的商品，而蜀布指的是当时古蜀地特产的苧麻布，苧麻布色最白，不畏水湿，汗渍不污，疏能散热，印缅等热带、亚热带气候炎热，故蜀布在上述地区非常畅销。据《史记·大宛列传》《史记·西南夷列传》等古文献记载，邛杖则是蜀地销往印缅地区的另一种大宗商品，邛杖就是用临邛地区山中的“节高实中”竹子做成的竹杖。

南方丝绸之路的另外一个重要经济功能是充当川滇盐业地理的运输纽带。南方丝绸之路东线上的犍为、乐山、长宁、高县、珙县、兴文、筠连、盐津、安宁、牟定、禄丰均为盐产地，盐业的聚合功能在川滇这样不适合人类居住的高山峡谷中显得尤为突出（杨艳蓉，2014）。如前所述，西南地区由于少数民族众多，气候情况与地理形势复杂，生产方式与社会制度和中原地区大相径庭，开发边疆困难重重。《史记·大宛列传》记载：“然闻（昆明人）其西可千余里有乘象国，名曰滇越，而蜀贾奸出物者或至焉。”巴蜀商人不畏艰险，主动融入了南疆民族地区。《史记》又曰：“汉兴，开蜀故徼，或窃出商贾，取其筰马，僰僮、髦牛，以此巴蜀殷富。”史称：“文甚明，国界既不相争，民间自相往来，蜀人入滇，滇人入蜀，开道通商，贸易繁兴。”五尺道经济繁盛的标志有若干，这当中大部分都绕不开宜宾这个地方。其一，五尺道亦称川滇盐道。自汉至今，川滇沿线的犍为、乐山、自贡、宜宾和盐津，一直是川南地区食盐的生产地和中转地。方国瑜《云南郡县二千年》指出：“从筠连入滇之朱提道，最早是贩盐商贾走出来的，此道同时也把僰僮和缅甸玉贩往巴蜀。”紧挨宜宾的盐津是专以运盐闻名的渡口，四川的盐与云南的山货、药材从这里出入，号称“川滇第一关”的豆沙关（石门关）控制着川滇门户，这些城市因盐而盛（李小波，2011）。此后，茶叶、蜀锦、生漆、桐油、朱矿等土特产品，也通过这古道源源不断地对外输出。后来，印度、缅甸的棉花、毡、缯布、珍珠、海贝、琉璃等异国商品也在古道上进行流通。可以说，盐业是开辟南方丝绸之路的先机，五尺道成为商品流通的主要通道。其二，“名酒之乡”是宜宾的美誉。《华阳国志》中记载：“僰道县盛产荔枝”《新唐书》中也有“戎州贡荔枝煎”的记载，荔枝可以用来酿酒，南宋大诗人范成大有诗注：“郡酿旧名重碧，取杜子美《东楼诗》‘重碧拈春’之意。”“重碧”也正是著名白酒五粮液的前身。早在汉代，酒就普遍地进入了僰道（宜宾）的社会生活。珙县孝儿乡街村、沐滩乡傅家坝西汉墓和宜宾市下江北东汉墓中都出土了用于装水、酒和谷物的瓶、碗、壶、樽等器具和陶罐。

（三）文化交流方面

五尺道是巴蜀文化向南辐射和影响的重要通道。五尺道北端与蜀地紧邻，南端则进入滇文化的中心区滇池湖滨。所以五尺道上的文化同时受到蜀滇两地文化的影响。而位于五尺道中段的曲靖盆地因与滇文化的中心区相邻，成为滇文化向东扩张的地区。因为巴蜀地区以北和以东是比巴蜀强大的秦、楚的势力，而以西是人口极为稀少、资源极为匮乏的川西北高地，这种情况制约了巴蜀向东、北、西三个方向发展。由五尺道串联起的巴蜀文化发展水平高，在西南地区形成了“文化高地”，所以西南夷地区成为巴蜀文化辐射与影响的主要区域，保留了许多文化现象和文化遗产。云南自古盛产铜、锡矿石。中原地区自商代开始就大量从云南输入铜锡，作为制作青铜器的原料。铜鼓文化是最突出的。铜鼓为古道最早的文物之一，自古为滇、僰、彝、僚、苗诸民族的祭器、礼器和权力的象征。铜鼓分布范围很广，很多使用铜鼓的民族施行悬棺葬。而大量铜鼓文物在宜宾出土，并且和当地僰人（都掌蛮）悬棺遗存大量聚集在珙县洛表一带，表明是同一民族文化的两种不同遗物，这构成一种罕见的互相渗透交融的古代民族文化现象。在云南昭通和曲靖则发现了大量的青铜制品，汉代时期中原地区青铜制造的贴嵌工艺和鎏金技术都能在云南青铜制品中找到痕迹。石寨山滇王墓出土了两件反映滇王刻意追求汉制的器物，一件是汉朝所赐蛇纽滇王金印，一件是未完成的玉衣片。滇王死后，用印和玉衣随葬。玉衣的制法与河北满城中山靖王刘胜夫妇墓和山东临沂刘疵墓出土的玉衣制法相似。用玉衣随葬是汉朝王侯级别的高级葬礼，滇王能享用此种葬礼，表现出滇王在汉朝的地位，也表现了滇王对汉制的刻意追求，这当是汉文化影响的结果（肖明华，2008）。其他诸如汉、唐、元、明、清建筑及崖墓、唐碑、明城的历史遗存，大量出土文物和流传丰富的民间文化和民族风情，造就了南方丝绸之路沿线众多历史文化名城和名古镇。现存的南方丝绸之路遗迹等，记载和反映了远至战国，近至明清、民国时期社会生活状况和经济发展水平。在现代社会飞速发展的今天，这些实物能够较为完整地被保存到现在，实属非常难得，其中大量的实物资料，具有重要的考古研究价值。这些实物为研究当时川南地区社会发展状况、商贸往来和建筑技艺提供了宝贵参考，同时又是发展地方旅游、提升地方文化底蕴、改变当地落后面貌的重要基础。

（四）宗教传播方面

无论是叫“丝绸之路”还是“蜀布之路”，即使背景差别较大的国家之间也有个共同特点，那就是物资与文化的输出与输入。在两个背景差别较大的国家之间，最初两者一定是先通过物资交流，后随着交流的深入，宗教和信仰交融的需求就显得十分迫切了。据考证，佛教通过南方丝绸之路的传播最早的时间约为公元前 3 世纪初叶，古蜀丝绸贸易等的物资交换，使得印度佛教由南方丝绸之路传入中国的时间比由北方丝绸之路进入中国的时间早了 3 个世纪（张弘，2015）。同时，回教、祆教等也输入国内，印度早期的婆罗门教和密宗佛教也是很早就输入国内的大西南地区了。

南方丝绸之路——文物遗迹篇

一、五尺道遗迹及保护开发情况

（一）翠屏区南广线文物遗迹

南广河从南向北，全长 220 千米，在宜宾境内 162 千米，是秦“五尺道”、汉“南夷道”水陆重要连接线，流经的宜宾南广古镇历史遗存较多，文化厚重、资源品位高。主要包括：

1. 滇南会馆

滇南会馆位于宜宾走马街，建于光绪七年（1881 年），号称“川南第一会馆”。会馆融清代宫廷、民间建筑风格于一体，结构复杂，设计精巧，是一座具有很高的建筑价值和艺术价值的古建筑群，堪称建筑精品。可惜的是，因会馆主管单位保护不力，会馆多处损毁，现仅存大门（如图 3－1）、戏楼（图 3-2）、书楼、文星楼等建筑。

图 3-1　**滇南会馆**

图 3-2　滇南会馆戏楼

2. 榨子母码头遗址

榨子母码头遗址位于南广镇陈塘关社区，码头上有多处石刻、水文标记，石梯步等，留存了丰富的文化内涵：西侧有多块巨石，其中最西处最高的一块 4 米见方的不规则巨石阴刻有繁体告示四行；在码头上发现多处凿刻长短不一的梯步，最长的梯步有 32 级，由下至上宽 40~80 厘米，梯步最陡处高约 55 厘米；江口西侧沿河而上约 200 米范围内残留有大小不一的数十个拴船只用的“石鼻子”，如图 3-3 至图 3-6 所示。在公路修通前，长江的货物进出高县、珙县或进出昭通，都需要在此转运。这段路既是“叙昆大道”南广段，又是深入南广河中上游纵深地带的中转带。南广河中央发现的牵马石刻是南宋时期的，石刻内容与诸葛亮南征有关，说明南征可能途经宜宾的五尺道，这也算是间接的佐证。

3. 南广搬运站旧址

南广搬运站配合榨子母码头，搬运煤炭、粮食等运往各地的货物，真实反映了古宜宾交通运输和贸易的盛景。现仅存几条青石板路。

图 3-3　宜宾南广镇榨子母码头遗址（一）

图 3-4　宜宾南广镇榨子母码头遗址（二）

图 3-5　宜宾南广镇榨子母码头水文标记（一）

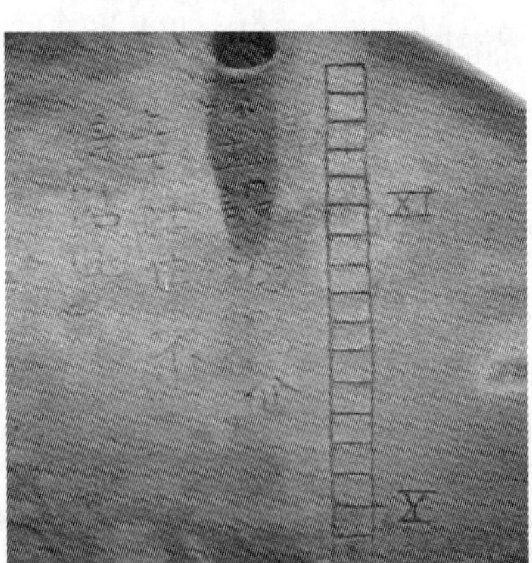

图 3-6　宜宾南广镇榨子母码头水文标记（二）

4. 廻澜硖石刻和歇马石摩崖题刻

廻澜硖石刻和歇马石摩崖题刻位于南广河与长江交汇处，在长江干流河道中的一块巨石上，距南广河口约 1 千米，俗称“太子石”。光绪《庆符县志》中有关于歇马石摩崖题刻的记载，内容如下：在南广小河北流入江处，有巨石生江中，其上有三十六字“开禧元年，其日甲午，南溪令与客焦昌朝访武侯歇马之石，齿齿横流，真奇绝也，鼓觞吊古下”。题刻笔法清劲，水涨其石不见。歇马石摩崖题刻与文献内容的记述基本吻合，此题刻是目前宜宾境内发现的年代最早的纪年题刻，是研究长江水文变化的重要实物资料。廻澜硖石刻的发现，为川南地区的石窟艺术研究提供了宝贵的实物材料，如图 3-7、图 3-8 所示。

图 3-7　歇马石摩崖题刻（太子石）（一）

（宜宾市博物馆供图）

图 3-8　歇马石摩崖题刻

（宜宾市博物馆供图）（二）

5. 王爷庙等历史遗迹

2010 年五尺道考古探险发现，南广古镇上游，即陈塘关社区南广河西岸姚家嘴附近有条 3 000 多米长的古道，因此道曾是古道背夫水陆专运之道，常走常修故至今完好，被认为是“这次考察中发现的铺得相当好的一条道”。南广镇幼儿园里发现的碑刻记载着金童泱、捞竹帮、盐单，是川滇盐道的一个佐证；横江古道上有三处石碑，是在嘉庆、咸丰、乾隆三个时期修建、培修的，对道路的变化记载得非常清楚、完整。

6. 东汉铜洗

1991 年，在南广和平村姚家嘴公路扩建工程中，挖掘出一座崖墓，出土了两件东汉纪年铜洗。这两件铜洗质地均为黄铜，保存基本完整，分别命名为“建初四年朱提双鱼纹铜洗”和“延平元年堂狼双鹭纹铜洗”，如图 3-9 所示。两件铜洗的出土，证实了汉代四川与云南经济文化交流的繁荣和商业贸易的发达情况，间接反映出五尺道对这一地区所产生的社会影响，也证实了宜宾自古以来就是连接川、滇、黔三省的重镇。昭通地区的东汉墓葬中出土过铸有“蜀郡成都”“蜀郡千万”字样的铁器，而云南的犀革、金银铜、滇僮（奴隶）等物资也源源不断地运入四川。铁器的传入促进了云南地区经济的发展，同时也佐证了秦统一六国以后，汉人迁蜀这一重要历史事件。

图 3-9　建初四年朱提双鱼纹铜洗

（宜宾市博物馆供图，铭文为："建初四年朱提造作"。"建初"是东汉孝章帝的年号，建初四年为公元 79 年。建初四年朱提双鱼纹铜洗为今所见有纪年的铜洗中年代最早者，堪称铜洗中的珍品、国宝。）

7. 石龙寺的人面石像

石龙寺位于南广镇坪和村往西顺山而上的石龙埂，此庙建于清乾隆年间，可惜"文化大革命"期间已被损毁。寺庙遗址仍可见清乾隆、光绪年间的石碑。这次调研过程中，笔者发现一尊人面石像，和三星堆的青铜人面像十分相似。这充分证明了当时蜀地与东南亚地区繁盛的文化交流是经过了宜宾的五尺道的，如图 3-10、图 3-11 所示。

图 3-10　石龙寺人面石像

图 3-11　石龙寺清代碑刻

8. 哪吒文化遗迹

哪吒文化遗迹有多处，包括龙脊石、金光洞、陈塘关、将军石、哪吒庙、拴马桩、金光洞等，如图 3-12、图 3-13 所示。

图 3-12　南广镇的陈塘关

图 3-13　翠屏山上的哪吒庙

9. 南广古镇

南广古镇位于宜宾市东南面、沿长江下游 3 千米处，南广河入长江处。南广古镇面积 0.3 平方千米，有顺江街、南江街等大小 9 条街巷，古建筑面积达 5 000 平方米，如图 3-14 所示。

《华阳国志·南中志》在朱提南秦县云南镇雄县条下云“自僰道、南广有八亭”，由于驿道和南广河水运便利且商人买卖常途经此地，于是依驿道两旁，便逐渐有了民房、客栈。古镇早在北魏时即有“南广口”之称，且古符黑水（南广河）上通汉晋南广县，故以“南广”为名。

古镇街巷沿长江面建设，平坦而窄小，街巷两侧的也民房多半较小，几乎没有门面。而沿南广河的街巷与沿长江的风格特点完全不一样。较大的四合院基本上都在这条街上。街巷、民居等建筑依山傍水，顺山势而建，具有川南特有的穿斗、立柱、小青瓦、两分水、石灰粉墙等特征，只可惜，由于时代久远，再加上城市现代化建设和沿江景观大道的建设的影响，南广古镇古建筑破损相当严重，其中刘祖芳民居（图 3-15）和南广镇官盐店遗址（图 3-16）完全被破坏，损失惨重。

图 3-14　南广古镇

图 3-15　刘祖芳民居

图 3-16　南广镇官盐店遗址

南广镇兴隆街仍可见五尺道石板路，而且仍有居民住户在使用该道（图 3-17）。古水井则已干涸，现已废弃（图 3-18）。南广是“滇边岸”盐运重地，现存“盐道”“盐关巷”“盐局”“查验局界”界桩等盐运和稽查遗迹。南广官盐店遗址左侧对面有一条直通河底的巷子，石梯至河边近 100 米。南广人称为“盐关巷”。清代在南广设盐关，对盐运进行管理，故有“盐关巷”之名沿用至今。

图 3-17　南广兴隆街五尺道

图 3-18　南广古水井

10. 赵场驮马古道

赵场驮马古道始建于清代，《赵场镇志》记载，赵场驮马古道曾为宜宾和云南马帮相互来往的重要商贸干道和交通要道。古道为南北走向，在赵场境内约有 30 千米，起于赵场街道办事处长江村，经农场村、平滩村、牛洗村、幸福村至高县双河；古道依山路崎岖而上，两旁多为田地、庄稼，古道由石板铺面，石板长约 1.05 米，宽 0.4 米，厚约为 0.1 米。赵场驮马古道现仍在使用，是研究清代四川和云南商贸往来情况及当时交通状况的重要实物依据，如图 3-19所示。

图 3-19　赵场驮马古道

11. 薛氏家族牌坊

在中国封建社会各个朝代的宜宾官员中，薛焕（1815—1880）是位最高、权最重者。薛焕在晚清时期进京期间，历任礼部左侍郎、工部右侍郎、署都察院左副都御史、通政司通政使、内阁侍读学士。薛焕家族牌坊位于今宜宾市翠屏区赵场镇东南约 4 千米处的薛家桥，现保存完好者尚有两座，分别是赵场薛家桥郭氏牌坊（图 3-20）和赵场薛家桥赵太夫人坊（现称桥坎组节孝牌坊）（图 3-21），系用当地质地坚硬的青石建成，气势巍峨，具有典型的清代建筑风格。牌坊均为四柱三门，层重式，承檐为石雕如意斗拱，三重檐，每层都是庑殿顶，六个鳌角翘首凌空，第三层顶尖双龙护宝，矗立高空。坊檐斗拱下的竖龛内，有灵龟、绶带围绕的“圣旨”二字，其下匾额均为“节孝”二字，字体端庄。

图 3-20　赵场薛家桥郭氏牌坊

12. 赵月古道

赵月古道又称猴子坡便道（图 3-22），为南北走向，由长 80 厘米，宽 40 厘米，厚 30 厘米的条石平铺而成。道路弯曲如弓，石板上留有马蹄印。古道起于赵场（镇）民和街，经郭家村、猴子坳、薛家湾、苏家膀、翻山崖可至高县月江场，是民国以前当地群众去月江（镇）的交通要道，如今赵月古道苏家膀至翻山崖这段保存最完整（图 3-23）。

图 3-21　赵场薛家桥赵太夫人坊（现称桥坎组节孝牌坊）

图 3-22　赵月古道（一）

图 3-23　赵月古道（二）

由于宜庆路等城市快速通道和城市西区新城的城市建设项目的推进，整个赵场镇都被纳入了城市建设规划的范围，未来赵场镇古迹保护工作的前景十分堪忧。

（二）高县文物遗迹

1. 汉半两钱石范母

汉半两钱石范母（图 3-24）出土于高县文江镇水红村点灯包，钱文为阴文小篆“半两”。其质地为红砂岩石，呈长方形，长 25 厘米，宽 18 厘米，厚 5 厘米。钱范分 4 排排列，一排 7 个，共 28 个，四排均连通，形成一道铸槽，口部有明显铸口。据专家考证，其应为西汉文帝时期“半两”。高县在汉代属于犍为郡，临近五尺道，是汉代迁往西南地区的必经之路。在此处发现石汉半两钱石范母，证明成都平原和云贵地区的商贸往来与经济交往密切。

图 3-24　汉半两钱石范母

（宜宾市博物馆供图）

2. 巴氏铭文铜剑

1983 年，高县文江公社黄泥坳出土一柄巴式铭文铜剑，两面分别有“手心纹”与“虎纹”，这两种纹路都是巴蜀符号（丁天锡 等，1989）。属战国晚期文物。其出土地点与半两钱石范母为同一地区。根据铜剑的出土位置及此剑的年代，可以证明战国晚期，秦惠文王灭巴蜀、巴蜀人南迁的重要历史事件以及五尺道建造工程的作用和目的。它是反映当时这一地区生产力的实证。

3. 南广河流域崖墓群

高县南广河流域崖墓群及石刻位于宜宾市高县罗场、四烈、可久、加乐等乡镇，墓群由犀牛沱崖墓群、红岩山崖墓群、河南洞崖墓群、龙塘湾崖墓群等组成。崖墓有 60 余座，伴有崖墓石刻。经专家现场认证，该崖墓群为汉代墓葬形式。1991 年，南广河流域崖墓群被四川省人民政府公布为省级文物保护单位，如图 3-25、图 3-26、图 3-27 所示。

图 3-25　南广河流域崖墓罗场犀牛沱段

（高县文化广播电视和旅游局供图）

图 3-26　南广河流域罗场镇僰人岩画

（高县文化广播电视和旅游局供图）

图 3-27　南广河流域崖墓可久红岩山段

（高县文化广播电视和旅游局供图）

4. 石门石刻

这是高县最具代表也最具争议的五尺道遗迹。位于高县城北 3 千米石门乡境内，南广河东岸石门山麓。据《同治 · 高县志》记载，原名石门洞题刻，1979 年被高县政府公布为第一批文物保护单位，名为“石门公社题刻及古道”，后公布为“石门石刻”。此石门并非史书记载的五尺道石门关的石门，但这里仍把它列入古道文物遗址，如图 3-28、图 3-29 所示。

图 3-28　高县石门关（一）

图 3-29　高县石门关（二）

5. 大窝文昌宫

大窝文昌宫位于大窝镇川洞村十二组，又称“王家祠堂”，是当地名门望族王氏宗亲建成以供祀祖宗的家族祭祀场所。它地处风景秀丽、人杰地灵的大窝镇龙泉片区龙洞村，正前方即“南方丝绸之路”，是原庆符县（今高县）

“南方丝绸之路”重要的标志性建筑。大窝文昌宫，始建于清咸丰二年（1851年）。大窝文昌宫为三进四合院式的会馆类建筑，其主体平面呈长方形，坐北向南，占地面积约 3 435 平方米，建筑面积约 2 480 平方米。总体由山门、石牌坊、奎星楼（戏楼）、厢楼、正殿、过厅、廊道、后殿构成。大窝镇文昌宫除山门、外墙损坏，奎星楼顶层奎星阁改建外，其余建筑皆存在。且大窝文昌宫建筑形制为会馆式建筑，保存基本完整，建筑工艺精美，规模宏大，气势雄伟，具有很高的艺术、科学、历史价值，是现存的其他川南文昌宫所不能比拟的。根据我国文坛巨匠、全国文联主席阳翰笙同志（高县罗场镇人）原著拍摄的影视作品《草芥英雄传》曾在大窝文昌宫取景拍摄，拍摄点是叙州府（今宜宾市）通往庆符县（今高县）的重要交通要道，文昌宫成为该要道的地标性标志建筑，它的保护和利用，对于研究古“南丝绸之路”（茶马古道）的政治、经济、文化将起到重要作用，如图 3-30 所示。

图 3-30　高县大窝文昌宫

（高县文化广播电视和旅游局供图）

6. 油房街

油房街位于大窝镇天台社区，建于清代。街道长 530 米、宽 4 米，街道两侧原多为穿斗串架民居，现多改建，街道路面仍保持清代条石街道原貌，曾为古南方丝绸之路上的重要商贸集市。

（三）珙县文物遗迹

宜宾“五尺道”在珙县境内是从原宝山乡（今并入孝儿镇）入境，沿南广河而上经孝儿镇、沐滩乡、下罗乡、上罗镇、罗渡乡、洛表镇等地进入王家镇。沐滩乡和合作乡分别在 1982 年、1983 年发现了西汉土坑墓，出土殉葬物有两双耳向罐五个铜釜和几枚西汉半两钱，另有铜斧、铁斧、石纺锤若干，战国时秦刀币、蝉形铜带钩若干，铜鐎托五支。

1. 王家镇的“五尺道”

现存于珙县王家镇的“五尺道”，全长约 25 千米。其北起于与洛表镇接壤的瓦店子，南至川滇交界的四里坡原始森林，东南部与云南省威信县的长安镇、三桃乡接壤，西与筠连县大雪山镇相邻。王家镇的建置起于明代，是珙县历史上的“八大乡”之一，现存古建筑多为民国时期的。王家古镇的形成依托于古代“五尺道”上的交通运输。在古代交通比较落后的条件下，运输方式主要是依靠马驮和人力搬运。而清代初期已基本形成的集镇，成为沿“五尺道”分布的一处盐、米、布、土特产等物资交易集散地。目前在王家镇北部和南部基本还保留有约 10 千米比较完好的“五尺道”（图 3-31、图 3-32），沿路可见驿站遗迹和马帮留下的拐椎孔（由于五尺道道路狭窄，马帮在路上只能原地歇息，拐椎孔提用于拐椎杵在的支撑点地面，支撑背上重物的木棍，久而久之，在石板路上留下很深的孔，如图 3-33）。

图 3-31　珙县四里坡五尺道（一）

图 3-32　珙县四里坡五尺道（二）

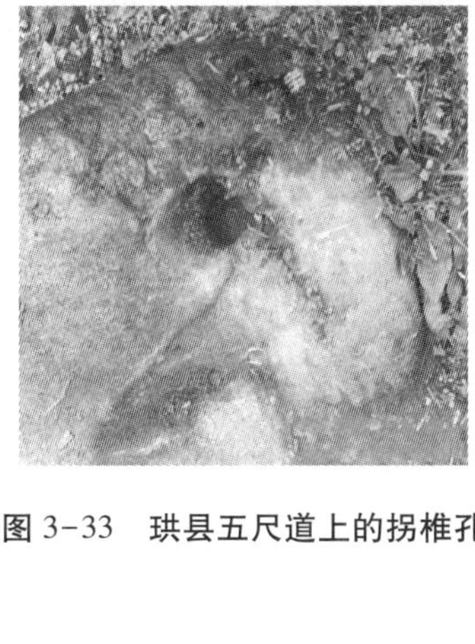

图 3-33　珙县五尺道上的拐椎孔

2. 王家四里坡原始森林

王家四里坡原始森林位于川滇交界的大雪山麓——珙县王家镇，处于珙县最南端，距县城99千米，四里坡原始森林公园面积1.5万亩①，是省级自然生态园区，也是珙县面积最大，海拔最高，保护最好的原始森林区（如图3-34、图3-35）。四里坡有上万株珙桐花，珙桐是1000万年前新生代第三纪留下的孑遗植物，被誉为“植物活化石”，珙桐花盛开时像待飞的“白鸽”给人以纯洁、高雅和美的享受。珙县因此而得名。

图3-34　王家四里坡原始森林公园（一）

图3-35　王家四里坡原始森林公园（二）

3. 王家镇古街

王家镇古街位于现在王家镇花田社区，场镇街道由一条主街和四个小巷子构成，在长300余米的小街两旁，并排100余幢老式民居。场镇上的建筑均为木质结构，民房临河而建，系排门板式，相互通连，其建筑基本格局仍然保留了清末民初古镇的结构特点（图3-36）。

① 1亩≈667平方米，下同。

图 3-36　珙县王家镇古街

（王家镇杨邦洪供图）

（四）筠连文物遗迹

筠连“五尺道”东北线，指“五尺道”从万寿桥进筠连县城后东北向至高县蕉村方向的“五尺道”。现仅存凌云村（原犀牛村）古道及凌云关一段。两处古迹都建于明代。犀牛村五尺道位于筠连镇犀牛村，全长 1 300 米，道宽 1 米至 2. 5 米，此道为宜宾至云南的古代商贸之路。凌云关占地面积为 120. 7 平方米，此关横座于高县到筠连交界处的一个山坳上，是进出筠连的四大关口之一，对研究当地明清交通、防务、商贸有很大的借鉴价值（如图 3-37、图 3-38所示）。

图 3-37　凌云关（一）

图 3-38 凌云关（二）

筠连“五尺道”南线指五尺道经万寿桥进筠连县城后南行，经柏杨村古驿道、隐豹关、巡司村古驿道至武德乡街村，过共和大石桥上共和村望天坡后再进入蒿坝镇，从高坪乡进云南镇雄的“五尺道”。该线现存古迹众多，如共和村五尺道、柏杨村五尺道、凌云村（犀牛村）五尺道等，如图 3-39 至图 3-46所示。

图 3-39 共和村五尺道

图 3-40 柏杨村五尺道

图 3-41　凌云村(犀牛村)五尺道

图 3-42　叙昆驮马道(川丰村段)

图 3-43　隐豹关（一）

图 3-44　隐豹关（二）

图 3-45　筠连镇往巡司镇
五尺道（一）

图 3-46　筠连镇往巡司镇
五尺道（二）

塘坝古镇的“南通六昭”，是历史上五尺道的古驿站。从翠屏区南广镇溯南广河而上，经高县（宋江河）—筠连（定水河）—塘坝（廉让溪），就到了云南河口村源头。五尺道或沿河而上，或绕开河流翻山越岭，缩短路程，沿着南广河这条指示线溯流南行，抵达云南盐津，进而进入昭通、昆明、曲靖。一街跨两省，一步三千年。塘坝古街，长仅600米，以一座木牌坊为分界，分成了云南与四川两段。云南那端，对联上写着“秦时明月汉时关，蜀省清风滇省隘”，横批为“北达三江”；而四川这端则描述了如诗如画的塘坝风情，对联为“当时为秦时旧道汉时夷路，此地有峻岭清流白鹭楠林”，横批则与“北达三江”相对应，为“南通六诏”。塘坝，是目前考察所知的川滇古道上保存最完整的、商贸味道最浓的一个古镇，目前还存在至少35个的小店（如图3-47、图3-48）。

图3-47　塘坝古镇（一）

图3-48　塘坝古镇（二）

筠连的二十二孔桥，是筠连县城最早的建筑，也是当时古道上数量最多的一种桥；筠连段的古道，是最原始、最自然，保存状况最好的一段。

（五）叙州区（宜宾县）文物遗迹

五尺道西线在四川境内主要是在横江地区。此道路通过四川中大道：由昭通城北门，经闸上、小岩洞分两路，一路经五寨、大关城、大湾子、吉里铺、豆沙关、盐津城，另一路由小岩洞折东行，经放马坝，彝良城、火烧坝、田黄寨、柿子坝、盐津城；在盐津城又分两路，一路沿关河下，经普洱渡、滩头，进入四川新场、捧印村、横江至宜宾（图3-49），或由滩头乘木船经新滩、庙口、横江至宜宾，另一路由盐津北行，经四川省塘坝，进入筠连县城。全长400千米。此道为南方丝绸之路的重要节点，连通四川和云南。1938年11月，交通部派工程师朱者赤督修叙昆的改善工程，根据新路线的需要，设横江、昭通、会泽、昆明、盐滓（新增）五个大站，以便中转货物，还在叙府和昆明两地设置了驿运办事处，沿途各站均设有客栈。修理后的叙昆驿运干线全长1 120千米，它虽然是一条人背、马驮的驿道，却又是一条名副其实的官道。五尺道横江线上有国家级历史文化名镇横江古镇、国家级文物保护单位石城山崖墓群、石城山森林公园、国家级古村落金钟村。

图 3-49　横江古镇捧印燕子坡五尺道

1. 横江古镇

横江古镇（图 3-50）因地处横江岸边而得名。横江，即关河，为川滇交通之重要水路，河对岸就是云南昭通的水富市（图 3-51）。

图 3-50　横江古镇俯瞰全貌

图 3-51　横江古镇与昭通水富市隔江相望

横江古镇是国家级历史文化名镇，秦五尺道、汉道到隋唐“石门道”都经过横江，是古代南丝绸之路要道，也是宜宾西南的军事、政治、商业中心。古镇东起油房坝、南至真武山、西至柏果坪、北临关河，规划面积为 1.5 平方千米，核心区面积为 0.5 平方千米。石城山景区为森林公园景区范围，面积约万亩。横江河景区起于古镇下游伏龙口电站，止于古镇上游杨柳滩电站，景区内有全长为 32 千米的高峡平湖景观。

横江镇历史悠久，周边石城山、油房坝、打渔岩、黄鳝沟等地都有东汉墓葬群发现，据此可以证明早在汉代，横江一带就是人居聚集地，而且发展到较高的文明社会形态。因有水陆通达之地理优势，古来这里就是川滇两地人员来往的水陆码头和商贾驻留的驿铺乡场。历史上横江场码头一直是当地山货特产外运，以及外埠食盐、布匹、茶叶、百货等转运的商贸集市。清代时，在官方督管下，昭通的铜、银，经由关河源源不断地运至此处，更进一步地促进了当地经贸和场镇的发展。横江的历史，就是一部浓缩的川滇交界地多种文化融合史。

横江古镇老街众多，清中期时，横江镇街场形成规模，为川滇一带的隆兴大场。面水背山，横江场依顺江流和地形而建。至清晚民国时期，横江场形成了“七街十巷”的格局。主街一横一纵，两条大街交于杨泗楼十字口，东西横向主街东至火神楼，即商业街，西到文星楼，即正义街；南北纵向主街南至桂香楼，即中心街，北至江边码头，即顺河街。现保留下来的老街旧巷有顺河街、中心街、正义街、商业街、中街、后街、半边街、民主街、小街、仁寿街、流场巷、流河巷、梧桐巷等。鳞次栉比、高低错落，各类民居建筑于街巷两侧。主街民居以一楼一底的木构或砖木结构传统式建筑为主，底层店商、上层居住的特色明显。民居建筑中，不乏一进、二进式合院，见图 3-52、图 3-53、图 3-54。

图 3-52　横江古镇后街

图 3-53　横江古镇老街（一）

图 3-54　横江古镇老街（二）

横江古镇里面有保存完好的省级文物保护单位朱家民居和肖公馆。朱家民居（图 3-55），为民国时期横江镇朱光德的住宅。1935 年，朱大文托人从上海购回原料，次年在主楼下侧建了一口沼气池。主楼前有两株合抱大的黄桷兰树（图 3-56），川南独一无二大。朱家民居碉楼（图 3-57）高 20 米，共 5 层，建筑面积 200 平方米，下端为青石条砌墙，上段为实砌墙，木楼盖青瓦屋面，每墙上壁射击孔 4 个，第三层有突出的投弹孔，构造考究整座民居属集中、西建筑风格为一体，尤具民国建筑时期特点。肖公馆位于宜宾县横江镇民主社区商业街，建于 1924 年，俗称“洋楼”。公馆是时任屏山知县兼金、关两河清乡司令肖锡珍的西式别墅。

图 3-55　朱家民居（一）

图 3-56　朱家民居（二）

图 3-57　朱家民居碉楼

肖公馆（图 3-58）位于关河畔（横江），由老院子、新院子、洋楼三部分组成，气势雄阔霸气。峨眉电影厂曾于此拍摄《草莽英雄》。

图 3-58　肖公馆

2. 石城山省级森林公园

石城山省级森林公园位于宜宾县横江镇境内，距宜宾市 51 千米，距宜宾县城 44 千米，与云南水富县城相距 26 千米，距内水高速公路 23 千米。石城山山势险峻奇特、状如覆斗、四周悬崖峭壁，绝壁凌空，有“三股水”飞泻而下，“环列如城”状，故名“石城”山。山上有雨师洞、雨师庙、平蛮碑和翼王石达开远征军遗迹等。

3. 石城山崖墓群

2006 年，国家批准横江古镇北斗岩墓区和天堂沟为“国家重点文物保护单位石城山民族岩墓群”。近几十年中，石城山及附近地区发现不同于珙县的“僰人悬棺”的另一种墓葬形式——崖墓，共 177 座，而且墓地的石刻图像也不像珙县“僰人悬棺”上的岩画那么原始。这给当地少数民族墓葬文化的研究又提出新的难解之谜，如图 3-59、图 3-60、图 3-61 所示。

图 3-59　石城山崖墓群（一）

图 3-60　石城山崖墓群（二）

图 3-61　石城山崖墓群（三）

4. 燕子坡交通文物群

2011 年 6 月，宜宾文化学者在燕子坡（民国时属横江镇）发现古道路石级三千余级（宽 1.4~1.7 米），古交通史石碑三块，道旁灵官殿一座，长 4 米的古马槽一个。燕子坡古道、宜宾城西的唐代“古戎道碑”、横江古镇、横江燕子坡和云南豆沙关摩崖石刻四点一线证横江镇为“五尺道上的明珠”。因此，燕子坡交通文物与横江古镇成了申报五尺道世界文化遗产的核心区段。

此外，五尺道沿线，多次出土铜鼓。自有志书以来，有关出土铜鼓的史载不绝。铜鼓是少数民族文化的产物，是史前至东汉末民族迁徙文化的重要史证，同时也关系着僰僮文明。宜宾僰僚民族使用过的铜鼓，从明代前后至今，因战争缴获、墓中出土的铜鼓，已超过300架。而宜宾地区的有关地名，唐宋以后民间多以“铜鼓”冠之，并沿袭至今，如珙县有铜鼓坝、铜鼓寨，兴文有铜鼓岩、铜鼓山，筠连有铜鼓岩，高县有铜鼓石、铜鼓池，屏山有铜鼓溪，等等。许多学者对铜鼓文化进行了大量研究，成果颇丰。另外在五尺道上，少数民族的墓葬形式与中原文化存在很多的共性，当然其中也存在少数民族的独特性，这些巴蜀文化墓葬，当是蜀人国破后向西南迁移时留下的遗存。例如，真武山汉代崖墓群、高县福溪汉代崖墓、高县来复汉代崖墓、高县罗场汉代崖墓，以及南广河流域崖墓群等。这些崖墓群反映出这一地区汉文化对少数民族地区的影响，以及民族迁徙史与五尺道的关系。

二、云南境内南方丝绸之路的遗迹及保护情况

汉王朝推行“移民实边”，汉民族不断入滇垦殖、屯田，为经济社会发展带来便利。在这个时期，汉文化开始不断地涌入夜郎和滇国这些地区，这一时期出土的随葬品除了青铜器以外，也开始有铁器和铜铁合铸器等铁制器物。汉文化在这一地区发挥着越来越重要的作用。南方丝绸之路（五尺道）出川以后，西线到达昭通的盐津、大关、昭通、鲁甸，再到曲靖。

（一）昭通市文物遗迹

昭通是云南通向四川的重要门户，是中原文化进入云南的要道，素有“锁钥南滇，咽喉西蜀”之称。

1. 盐津豆沙关

盐津豆沙关古称石门关，后因清朝初年在此守关的彝族将领的名字“豆沙”而得名豆沙关。此关位于成都通往昭通高速公路旁的豆沙镇，是秦汉以来中原通往云南的孔道之一，也是由蜀入滇的第一道险关。现在的豆沙古镇，大部分建筑是在2006年“7·22”地震灾后重建的，重建后的豆沙古镇于2008年开放旅游。重建后的古镇，依旧保持着浓厚的历史文化内涵，青石板街道，商铺和客栈均悬挂着古色古香的匾额楹联。关口上立有石牌坊，下方道路上保存了始建于秦的“五尺道”遗迹约350米（图3-62），还有唐贞元十年（794年）的崖石刻题记。当时，朝廷派遣赴南诏的御史中丞袁滋，途经石门

关时，为纪其行，特摩崖石刻题记，至今字迹仍保存完好，当地已建亭保护，称“唐碑亭”。横江对岸悬崖之上，可远望“僰人悬棺”，清晰可见。路旁危崖耸立，峡谷深邃，河流湍急，地势十分险要。

图 3-62　豆沙关五尺道

袁滋题记摩崖石刻。袁滋题记摩崖石刻已于 1988 年被国务院公布为全国第三批重点文物保护单位。袁滋题记原文为：“大唐贞元十年九月廿日，云南宣慰使内给事俱文珍，判官刘幽岩，小使吐突承璀，持节册南诏使御史中丞袁滋，副使成都少尹庞颀，判官监察御史崔佐时，同奉恩命，赴云南册封异牟寻为南诏。其时，节度使尚书右仆射成都尹兼御史大夫韦皋，差巡官监察御史马益，统行营兵马，开路置驿，故刊石纪之。袁滋题。”原文共 122 字，“袁滋题”为篆体，正文为楷书。（图 3-63）

图 3-63

豆沙关处在五尺道的咽喉位置，城门上题刻的仍然是古时的“石门关”三字，这是通往古南滇的第一关，关内为中原地界，关外则为蛮夷之地。古时的关门为40厘米厚的木门，除有人值守关门外，楼上也驻有重兵，可谓“一夫当关，万夫莫开”。《蛮书》是这样记载的：“石门东崖石壁，直上万仞；下临朱提江流，又下入地数百尺，惟闻水声，人不可到，西崖亦是石壁，傍崖亦有阁路，横阔一步，斜亘三十余里。半壁架空，欹危虚险。”（图3-64，图3-65）

图3-64　豆沙关峡谷

图3-65　豆沙关石门关

2. 云南大关五尺道遗迹

云南大关五尺道遗迹在2019年被列为云南省第八批省级文物保护单位。从盐津豆沙关沿老麻水线一路北上可到大关。大关五尺道遗迹包括“老姆城五尺道遗迹”（图3-66、图3-67）和“大关垴古道驿站小街”（图3-68、图

3-69、图 3-70）。两处古道遗迹是秦“五尺道”、汉“南夷道”、唐“石门道”的必经之地，也是大关境内现今保存较好的古道遗迹。该遗迹对研究南方古丝绸之路、僰道、南夷道、石门道具有一定的历史、文化、科学价值。

图 3-66 老姆城五尺道遗迹马蹄印（一）

图 3-67 老姆城五尺道遗迹（二）

图 3-68　大关堖古道驿站小街（一）

图 3-69　大关堖古道驿站小街（二）

图 3-70　大关垴古驿站小街全景

3. 马桑坪古道遗迹

马桑坪古道遗迹位于大关县黄葛乡太平村（现永康村）的古朱提江岸，由长条手石逐级砌筑，修建于陡坡崖壁和峡谷间，今仅存 1 千米，道路崎岖艰险，宽约 1 米多，从秦开五尺道，一直沿用至今。此地曾是清同治元年（1862 年）太平天国将领石达开与清军作战之处。在黄葛乡街镇东北 100 米处的古朱提江上游，有座铁索桥，连接川滇古道。该铁索桥原为竹藤索桥，清道光十三年（1833 年）改建为铁索桥（图 3-71、图 3-72）。

图 3-71　黄葛铁索桥①（一）

① 根据现有表达规范，原碑文“铁锁桥”应为铁索桥。

图 3-72　黄葛铁索桥（二）

（二）曲靖市文物遗迹

1. 曲靖炎松古道

曲靖炎松古道是秦汉五尺道、唐代石门道以及明清通京官道在曲靖的北行段，南起沾益的黑板，北至炎方驿人宣威，全长约 30 千米。

2. 九龙山段古道

九龙山段古道位于沾益大古城乡九龙山村北的山沟内，长约 1 千米，路宽 2~2.5 千米，路面用不规则青石铺成，青石上有马蹄印迹。古道依山势而行，蜿蜒曲折，为明清重修驿道的遗迹。在沾益光华乡的古道上，有一座黑桥，又名唐桥，初建于唐高祖武德二年（619 年），后于清咸丰二年（1852 年）重修，黑桥全长千米，宽 6 米，共 3 孔，孔跨径 2 米，青石翻拱，桥身微凸呈弧形，桥面平坦，直联砌置，桥墩呈三角形。因桥北地势较低，设计者另设计了 100 米长、2 米宽的青石引桥，直通北岸邓家山。黑桥拱跨南盘江，是连接炎松石道的重要桥梁。

3. 可渡古驿道

可渡古镇地处云贵交界，位于宣威市东北部。由炎松古道往北走，过宣威市，再北行 70 千米，即可到可渡古驿道。这段驿道在云贵交界处，由可渡村经旧城村进入贵州威宁站坡村，全长约 10 千米。其中从旧城村至站坡村一段最具特色，路面宽约 2 米，全用不规则石板铺成，呈“之”字形蜿蜒于山坡上。沿途有记载驿道情况的古碑，路面的马蹄迹多处已洞穿石块，是明清时期使用最频繁的古驿道之一。另外，可渡村古驿道周围还有可渡铁索桥（图 3-73）、可渡关关口（图 3-74）、可渡炮台（图 3-75）、可渡古石桥（图 3-76）等遗址。关址为一小城，建于明朝洪武初年，呈椭圆形，南北长 230 米，东西宽 110 米，夯土墙，墙面镶 5 面平砂石，开有南北关门，关城中有一条宽 3 米的石板路。现存南关门及两边土石墙，东西两面仅余夯土墙心。

图 3-73　可渡铁索桥

图 3-74　可渡关关口

图 3-75　可渡炮台

图 3-76　可渡古石桥

（三）大理市文物遗迹

大理作为历史上云南的政治、经济、文化中心，是南方丝绸之路东西两线的交汇处，同时作为南方丝绸之路通往外域的中转站，拥有丰富的文化遗产资源。

大理—保山古道史称“博南道”（永昌道），因其经过古永昌郡所辖之博南（今永平）境而得名，为古代连接大理与保山两地之间的官营驿道主线路。史志记载，古道最早形成于公元前 4 世纪的战国中后期，西汉武帝开西南夷，在澜沧江以西置巂唐、不韦县后设为官营驿道。东汉永平十二年（69 年）永昌郡建立后，为改善交通，曾多次组织军民进行了大规模的扩修、铺筑，因沿途山高水险，工程艰巨，时有行人创作的古歌《博南谣》：“汉德广，开不宾，度博南，越兰津。渡澜沧，为他人”。这首《博南谣》歌词反映了人们筑路开边的艰辛和感叹。之后，历经隋唐、宋元、明清各代的不断扩修、铺设，博南道成为我国历代中央王朝经略滇缅、控制边服的主要通道，直至民国后期被滇缅公路取代，前后沿用了 2 400 多年（李枝彩，2017）。沿途已知的历史遗迹共 30 余处，其中保存较好的有 15 处。

1. 漾濞驿古街道

漾濞驿古街道位于大理州漾濞县城西南侧的上街一带，为古道漾濞驿及巡检司所在地。古驿形成于汉晋时期，因地居古漾江、濞水两条河流之间而得名。该地在唐代中期属蒙舍赕地，为南诏王阁逻凤攻并永昌，“西开寻传”的起点和基地。元代定名“漾濞驿”，为时设云南“人缅国十五驿”之一。明代初年平滇，当地筑城设街，置漾濞巡检司承担官道的管理和周围街前、东冲、大堡、淮安、密场、三甸“六约”之地的镇守之责，并从此沿袭下来，成为古道上一个重要的军事关隘和邮驿中转站点。古街东起于漾濞古城南门口，向西北延伸至漾濞江边云龙桥，全长约 300 米，均以石块铺筑，宽约 4 米，路中以条石铺成路轴，路边设排水沟道。街道内现有居民 300 余户 1 000 余人，街道建筑多为传统的中式瓦屋，临街接市，成片相连，除著名的上街回族清真寺外，绝大多数是早年服务于古道交通的各类马店、客栈和相关的鞍鞯、马具、百货、饮食等店铺的旧址，古驿风范，至今犹存。

2. 漾濞江云龙桥

漾濞江云龙桥位于漾濞县城西北角的漾濞江上，东接漾濞下街古驿站，西通漾濞西山。史载，其地原为渡口，开辟于汉代之前，是永昌古道从大理往西前往保山的第一个过江要隘。此后各代曾多次搭建木桥以供通行，但均因各种因素被毁。明代弘治年间，因当地盛传有云龙在此过江，遂由地方官府出资改建铁索吊桥以求永固，定名“云龙桥”。此后，云龙桥经清代康熙、光绪年间多次更新、加固，长期沿用下来，最近一次大修的时间是 1994 年。桥依江岸崖壁支砌石墩，以 2 根铁链为护栏和 6 根钢缆为底索，混装形成桥体。东西两墩各建桥亭关楼，桥悬楼高，气势壮观。桥之两端，东连上街古驿，西有望江古阁，旧貌古风，堪称一胜。该桥于 1995 年被评为云南省文保单位。

3. 博南山碑

博南山碑立于永平县博南山永国寺大殿旁，是研究永平博南古道历史文化的重要实物，对研究永平历史文化也有着极其深远的意义。由于饱经风雨的侵蚀，永国寺现已荒废，原立于寺旁的博南山碑已交由当地的文管员负责保管。

4. 凤鸣桥

凤鸣桥是博南古道上的重要桥梁，横跨于杉阳镇马沙坝东的倒流河上。凤鸣桥始建于秦昭王五十年（公元前257年），是博南古道上历史最为古老的桥梁之一。《徐霞客游记》记载，早在明崇祯十二年（1639年）三月二十八日徐霞客游历杉阳时，该桥就已经存在，迄今已有380年以上的历史。《徐霞客游记》载："北下及溪，有桥跨溪，东来者，是为杉木河驿大道。其桥有亭上覆，曰'凤鸣桥'。"桥为四墩三孔石拱桥，以规整的条石支砌桥墩桥面，桥上原有亭阁护栏供人休息避雨，现已坍塌。凤鸣桥在明代为风雨桥，上面建盖有躲避风雨的桥亭。光绪十五年（1889年），此桥重修。凤鸣桥虽经受了20多个世纪的风雨，至今依然牢固地横跨于激流之上。

5. 胜备河铁索桥

胜备河铁索桥位于漾濞县城以西40千米的漾濞江支流——顺濞河上，因顺濞河曾称"胜备河"而得名。胜备河铁索桥是古道从漾濞往西前往永平县的过江要隘。桥址原为渡口，元明时期原址曾建有木桥，在清朝初年改建为铁索吊桥，并于道光、光绪和民国年间数度重修。桥两端依江岸崖壁支砌桥墩，上建风雨桥亭，下设放射形护坡。该桥于1988年被评为漾濞县文物保护单位，现仅存桥墩。

6. 博南山古道石板路

博南山古道石板路系因途经永平县博南山而得名，是古道从永平出发前往保山的重要路段之一。史载，博南山也称"金浪巅"，民间俗称"丁当山"，地控古博南县西出永昌通衢，西汉武帝"通博南山"时开设为官营驿道，东汉永平十二年（69年）置永昌郡后，曾组织军民进行过大规模扩建、铺设，该驿道为古《博南谣》的主要发生地之一。此后，历经唐、宋、元、明、清各代不断地维修、扩建，驿道长期沿用下来，直到民国年间滇缅公路永平至保山段建成通车后，才被废弃。古道东起永平西南桃园铺，向西经花桥、铁厂上博南山，翻万马归槽垭口，下山经永国寺、杉阳镇，再由西山寺、湾子，过江顶寺，下山至澜沧江霁虹桥止，全长约40千米。道路多由人工在陡坡山林中开凿而成，路面铺以石块，一般宽2米左右，虽历经千年风雨侵蚀，至今仍能大部分保存下来。其中，位于博南山顶的一段，最高海拔为2 500余米，山高坡陡、箐深林密，是整条古道的控制性工程，故被用作全路的总称。

7. 博南山杨公祠（杨升庵隐身处）遗址

博南山杨公祠遗址位于永平县博南（花桥）镇以西约 10 千米的博南山顶东侧古道边上，西距永国寺约 2 千米，为明代四川谪戍状元杨升庵病归仙逝之地。杨升庵本名杨慎，明代正德年间著名科考状元。嘉靖三年（1524 年），因杨升庵“议大礼”案遭明世宗庭杖，被贬谪云南永昌 37 年，为推动地方文化的发展做出了杰出的贡献。嘉靖四十年（1561 年），杨升庵 72 岁时因长期身心疲惫，一病不起。地方人士将他送回四川老家，但仅行至杉阳博南山时他就气绝身亡。据在山上护林数十年的刘昌德老人介绍：当年杨状元在博南山化鹤升天后，当地人把他当作博南山的守护神建庙供奉，其墓前香火长期延绵不断。又据民国《永平县志》：“杨公祠，在（永平）城西南四十五里博南山，原塑有明修撰杨升庵文宪公偶像。民元（民国元年），腾冲曲石将军李根源氏率师西巡过此瞻拜，乃将偶像毁弃，重立为栗主（南明永历皇帝）。剑川石禅老人赵藩氏并为题联曰‘自号博南山人，唱酬遥寄张公子（永昌张含）；地近宁西禅寺（永国寺），英魂长依李晋王（指永国寺供奉的李定国神位）’。近以失于修葺，日形冷落，一代词宗，竟致凭吊无人，亦可慨矣！”祠址海拔为 2 541 米，依地形坐北向南，面向古道建成一殿一门的一座小院，占地面积 83 平方米。因庙废弃时间较长，小庙屋架早已坍塌，但围墙、房基、天井、石阶通道基本保存下来，尚可窥见当年的格局风貌。

8. 博南山永国寺（南明永历帝停驿处）遗址

博南山永国寺位于永平杉阳镇东 10 千米处的博南山顶西侧，东距杨升庵祠约 2 千米，为博南古道上著名古寺，南明永历帝亡命滇西的落脚地之一。民国《永平县志》记载，该寺原名“宁西禅寺”，为明初僧人书常募建，原址在博南山顶万马归槽证口。清初顺治年间，南明永历帝在晋王李定国护卫下，从大理西逃永昌，因人困马乏，曾在这里停驿数日，得到了寺僧热心救助，乃为之题名“永国寺”，以示褒彰。清康熙三十六年（1771 年）永国寺被保山知县程奕移至西下侧的平缓处重建，长期成为古道上往来马帮行人歇脚礼佛的主要站点。寺址海拔 2 341 米，依地形坐东向西，临古道而建。原建筑为山门、前殿、过厅、正殿及厢房共四进三院，占地面积约 1 000 平方米。由于永国寺在 20 世纪 60 年代曾遭人为破坏，现仅存山门、围墙及 90 年代重修的大殿、右厢等建筑，另有清代至民国年间赵藩等人题刻的相关修复题赞碑刻三方及清代迁建时栽种的高大茶花两株。其中，山门为屏风式土石砌筑，门头嵌明末永历皇帝题、民国赵藩重书“永国寺”石匾一方。

9. 江顶寺遗址

位于永平杉阳镇以西5千米的澜沧江东岸山梁上。山梁东接杉阳盆地，西临澜沧江峡谷，两面山势如削，路径曲折蜿蜒，素为古道往来马帮、行人的重要歇脚地之一。据《永平县志》，江顶寺创始于明代，原有殿屋十余间。其中，寺前建有坊门院坝，长期有僧人在此舍茶，为往来商旅提供歇脚之便。民国年间，寺院失火被烧，仅存坊门。近年来，寺院虽然得以复建，但是其位置已经南移。原址上的坊门院坝已然是一处相对独立的遗迹。研究组实地调查，其院坝为方形，面积约60平方米，古道自东而西从坊门和院中穿过。坊门为二叠牌坊的样式，土石构建，由于年久失修，上叠屋檐已塌损，门头两面分嵌清嘉庆十年（1805年）李文兰题书的“（雄）关耸峙”和“觉路遥（远）”两幅匾额。

10. 沘江古桥梁群

沘江古桥梁群在大理云龙县的沘江上，有100多座古桥梁，千姿百态。2013年，沘江古桥梁群被国务院评为国家级重点文物保护单位。云龙的桥梁具有“浮、梁、吊、拱”四大基本特性。这四大桥形是一切桥梁的鼻祖，如今世界上千姿百态的桥梁就是由此派生演变而来的。其中除浮桥是在沘江枯水季节临时搭建外，其余都是永久性桥梁。在云龙众多的古桥梁中，有些堪称“桥梁活化石”，如溜索、藤桥。溜索古称为悬索桥，它是一切吊桥的雏形。藤桥古称“笮”桥。在唐人的《元和郡国郡县志》中记载：“凡言笮者，夷人于大江水上置藤桥渭之笮，其大笮、定笮皆是近水置藤桥处”。藤桥一般长度约20至30多米不等，这种在两千多年前就已出现的桥梁，如一位饱经沧桑的世纪老人，仍跨越在云龙的江河之上，保存完好。这和本书中前面第一部分对南丝路的存在讨论提到的笮桥即竹索和藤索桥不是一致的吗？值得欣慰的是，无论岁月如何流逝，历史总会在现实中找到些许足迹。

11. 西门街古建筑群

西门街古建筑群位于云南省剑川县境内。剑川古城所在地历史久远，曾出土西汉五铢钱。古城始建于明洪武二十三年（1390年），距今已有600多年的历史。至今仍完整地保留了明代的格局，西门、北门、南门护城河桥犹存，虽历经沧桑，但古貌依旧。该地还完整地保存了景风公园明清古建筑群、独特的古街巷、众多的明代古宅和清代民居。2006年5月25日，西门街古建筑群作为明代古建筑，被国务院批准列入第六批全国重点文物保护单位名单。

此外，大理还有个不得不提的重要遗迹，那就是祥云县云南驿古建筑群。云南驿地处秦汉时期开通的姚嶲道与五尺道的交汇点，是我国古代南方丝绸之路和茶马古道上的重要驿站。汉元封二年（公元前 109 年）云南驿地置云南县，云南驿地区为云南县县治驻地。云南驿古建筑群依山而建，结合地形自由布局，道路随着山势的曲直而布置，房屋就地势的高低而组合。建筑、山体、道路、农田有机结合，融为一体，形成了整个古镇建筑群丰富和谐的街景空间。云南驿古建筑群核心区位于云南驿村主道中部，由云南驿驿站、大马店、客栈、商铺有机组成。现存古建筑主要有古驿道、驿站、大马店、李家大院、凤仪路口李家院、李家客栈、郭家大院、钱家大院、天星竿、关圣殿、白马寺、李氏宗祠、钱氏宗祠、杨炳麟故居等组成。古驿道现存长约 1 720 米，道宽 3~5 米不等。

云南驿是我国古代南方丝绸之路和茶马古道上的重要驿站和交通枢纽，是研究西南古驿道驿传系统人流、物流、经济流、文化流的重要实物史料。2013 年 5 月，云南驿古建筑群被国务院公布为第七批全国重点文物保护单位。

（四）保山、腾冲文物遗迹

保山、腾冲是南方丝绸之路在国内的最后一段，地处滇缅边境，内连各土司，外通缅甸，是沟通境内外的交通要冲。特殊的地理位置和自然环境使得这里成为云南历史上最繁华的商埠和抚夷固方的军事要隘。古代腾冲（古称腾越）位于益州郡内，东汉时包括缅甸克钦邦、掸邦的一大片区域，现大部在缅甸境内，为中国西南部最古老、最大的商埠，也是滇西最早设立海关的地方。《三国志·魏志》卷三十记录：古罗马帝国经水陆与益州郡永昌有贸易往来，大量域外商品与西通罗马有关。

保山是古时的永昌郡、永昌府的治所，也是这一代丝路通过的主要地区，所以“永昌道”便被作为这段古道的名称了。站在澜沧江边，可见博南山与罗岷山绝壁对峙，旁有兰津古渡，这是走永昌道的必经之路，为连接保山（今隆阳）、腾冲两地的古道主线路。永昌道具体分设为北、中、南三线，三条线使用寿命最长的为 2 400 多年，最短也有 1 600 多年。现存的遗迹多为古道、古桥、马站和抗战遗址等，多达五六十处。以下列举有代表性的年代久远的古道遗迹，经笔者田野调查发现，大部分遗迹都年久失修、损毁严重。以下有部分的详细介绍引自李枝彩（2017）的《南方丝路永昌道文物史迹探索》，在此对李先生的辛勤付出表示感谢。

1. 保腾古道北线

史载，该古道最早形成于战国时期，为早期民间商旅从大理、保山，经腾冲前往缅甸、印度的主要交通线。东汉永昌郡建立后，曾一度被纳入官方经营范围，成为向西控制古滇越之地（腾冲、德宏等地）的驿道主线路。

（1）霁虹桥及摩崖石刻。博南古道上的霁虹桥，史称兰津桥，以西汉“兰津古渡”得名。它曾是中国最古老的铁索桥。此地在三国时已建有竹索桥，该竹索桥在元代曾换成木桥。明成化年间（约1476年）由江顶寺了然和尚用化缘得来的资金将桥改建为铁索桥，一说为弘治十四年（1501年），由兵备副使王愧修建。《中国科技史》一书称它是“世界上最古老的铁索桥”。霁虹桥在历史上曾数次损毁，又数次重建。相传当时每天清早桥亭大门未开时，等候过桥的商旅、人马已排成五、六里长的队伍。今天，驿路上还留有深深的马蹄窝，足以证明那时驿道上马匹来往频繁的程度。古桥在建成以后数百年间，曾得到众多往来名流的赞赏，他们在西岸崖壁上留下了大量珍贵的石刻题记。经笔者核实，摩崖石刻现存石刻共40幅，其中尚可辨认字迹的有30幅，时代最早为明嘉靖年间，最晚为民国时期。其中最重要的有：明代云南督学使吴鹏的“西南第一桥”、永昌诗人张含的“兰津渡”诗、清代永顺总兵段腾龙的“天南锁钥”、云贵总督富纲的“悬崖奇渡”等。霁虹桥摩崖石刻、潞江坝象槽石刻、姚关碑石书刻并称南丝路永昌道上的三大珍贵石刻群。

（2）栗柴坝渡口及抗日遇难同胞纪念碑。栗柴坝渡口位于保山瓦马乡与泸水上江乡交界的怒江上，为古代大理云龙至腾冲挑盐路过怒江的主要渡口之一。古渡最早由民间商旅开辟于汉晋时期。宋元以后，随着大理云龙盐矿五井的成功开发，遂成为腾冲盐商至云龙贩运食盐的主要过江通道，长期由官方派员管理和设卡收税。1938年滇缅公路通车后，盐运改用汽车，渡口改为两岸民间通道。1942年5月日军占领滇西，在西岸残杀我国无辜民众290余人，制造了震惊中外的“栗柴坝惨案”。1944年5月中国远征军反攻滇西，曾以此渡口作为右翼北线第五十四军一九八师强渡怒江的主要通道和后勤供应基地，为大军顺利渡江反攻高黎贡山和腾冲发挥了重要作用。渡口东接保山栗柴坝、西通怒江蛮云街，江面宽度约150米，两端滩岸设有简易码头，长期有固定船工在此接送往来行人。渡口西岸台地为1942年栗柴坝惨案的发生地，立有砖石砌筑的纪念碑一座，上刻“栗柴坝抗日遇难同胞纪念碑”字样。该纪念碑是1995年怒江州政协为纪念在“惨案”中遇难的290余名同胞而建。

（3）水石坎梯云路。史载，水石坎梯云路古道最早开辟于汉晋时期，位于平坡村以西至水寨村之间的罗岷山水石坎山谷一带，长约4千米。山谷地势西高东低，落差极大，有水寨河穿流其间。汉晋以后各代屡次扩修改建该路。明代中期曾永昌府组织军民对该路进行过大规模扩修铺设，并长期沿用下来。路径多以人工在悬崖峭壁间开凿而成，路面一般宽1~2米。因山势制约，多数路段成“之”字形曲折而上，形如登天云梯。由于长期的经营使用，古道上留下大量的人遗迹。除成串的马蹄印外，部分山石上尚有人工刻制的防滑线带、简易棋盘及民国李根源的罗岷山题名石刻等遗迹。

（4）勐古渡口。勐古渡口位于隆阳芒宽勐古村与西亚村交界的怒江上，为保腾古道北线过怒江的主要渡口之一。古渡口开辟于战国时期，汉晋时其被纳入官方经营，成为当时保山通往腾冲等地的主要过江通道。唐宋以后，驿道改走下游双虹桥一带过江，行人减少，但仍由官方经营，先后成为唐代南诏国西开寻传，明初王骥三征麓川，明末刘铤、邓子龙征缅平边的主要通道。1944年5月中国远征军反攻滇西，曾以此作为右翼北线第五十四军强渡怒江的主要通道和后勤基地之一，为大军顺利渡江反攻高黎贡山和腾冲发挥了重要作用。

（5）灰坡抗日战场遗址。该遗址位于隆阳芒宽西亚村西约12千米的高黎贡山东坡灰坡山梁一带，东距勐古渡约15千米，为1945年中国远征军反攻高黎贡山的主要战场之一。山梁地处怒江河谷与高黎贡山之间，是古道从六库栗柴坝或从芒宽猛古渡上山，前往腾冲两条古道的交汇口。

（6）马面关遗址。马面关遗址位于隆阳芒宽西亚村往西约14千米的高黎贡山东坡马面关山崖上，东距灰坡山梁约2千米。因其地山前有巨石挡路，马帮到此处往往碰壁而回，故称“马回关”，后衍化而为“马面关”，马面关是保腾古道上著名的古代关卡之一。

（7）冷水沟—北斋公房垭口抗日战场。该地位于隆阳芒宽西亚村西约32千米高黎贡山山顶的冷水沟—北斋公房迹口一带。山口海拔3 150米，为保腾古道北线翻越高黎贡山的最高控制点，地势西高东低，左右两侧为山梁环抱，东西长约1 000米，南北宽约200米。古道由东向西穿谷而过，自古以来就是古道交通线上的天险要隘。1943年日军占领高黎贡山后，曾派数百人常驻该地，并在沿山洼边的白凤坡高地修筑大量坚固工事，作为东下灰坡、栗柴坝、勐古渡，与我远征军隔江对峙的主要依托。

（8）北斋公房西坡古道石板路。该石板路位于腾冲界头黄泥坎村东约15千米的北斋公房西坡山洼间，为古道自北斋公房下山前往界头的主要通道之一。史载，古道最早形成于战国时期，唐代南诏王阁逻凤“西开寻传”时曾做过局部扩修，明代隆庆年间（1567—1572年）由腾越知州沈祖学组织铺筑为石板路，并从此沿用下来。

2. 保腾古道中线

古道最早开辟于汉晋时期，为永昌郡向西经略古滇越（今腾冲、德宏）之地的通道之一。唐代中期南诏王阁逻凤在“西开寻传，南通骠国”之际设为官营驿道，组织军民进行了大规模扩修、铺设工作，作为之后自永昌节度向西扩设較（音 chen）化府（今腾冲）和丽水节度（今缅北密支那以东一带）及与缅印各国开展经贸交往的主要通道。

（1）石马山古道石板路。该石板路位于保山城西 10 千米的石马山垭口西侧山梁上，西距汉庄青岗坝村约 3 千米。史载，该古道最早形成于汉晋时期，唐宋时曾由官方组织铺设为石板路，是当时从保山前往腾冲的官营驿道主线路。元代驿道改走南线蒲缥道后转为民用，该驿道至今仍为青岗坝村民出人保山城的主要通道。

（2）青岗坝西山古道石板路。石板路位于隆阳汉庄青岗坝村向西 3 千米西山山梁上。史载，该古道最早形成于汉晋时期，唐宋时曾由官方组织铺设为石板路，是当时从保山前往腾冲的官营驿道主线路。

（3）芒宽双虹桥。该桥位于隆阳杨柳鲁村与芒宽烫习村交界的怒江河谷上，是保山至腾冲古道中线过怒江的主要通道。桥利用江中巨礁架成双孔，远看如双虹凌空，故名“双虹桥”。《永昌府志》记载，该桥原为“潞江渡”，始建于汉代，盛于唐宋，元明时设官厅管理，长期以木船、竹筏渡人。

（4）百花林古道石板路。石板路位于隆阳芒宽罕弄村（高黎贡山保护区百花林保护站）至高黎贡山东坡二台坡一带山梁上，为保腾古道中线高黎贡山段保存较好的路径之一。据了解，该古道最早形成于汉晋时期，唐宋时期作为南诏大理国官营驿道，扩修为石板路。元代驿道改走南线后，长期作为民间商道使用，直到 1952 年保腾公路通车后，才被废弃。

（5）旧街马站遗址。该遗址位于隆阳芒宽罕弄村（百花林保护站）向西 4 千米旧街山梁上，为保腾古道中线马帮歇脚站之一。据了解，马站可能建于唐宋时期。明代以来，先后有段、范、滕三家汉族商民在此开设马店、商铺，供往来商旅歇脚，直到 20 世纪 50 年代古道被废后，才迁至山下汉弄村居住。

（6）死亡谷檐谷路。该路位于隆阳芒宽罕弄村向西约 14 千米高黎贡山东坡死亡谷一带的山梁上。据了解，古道最早形成于汉晋时期，迄今已有 1 800 多年的历史。由于地表结构为含沙土，质地疏松，经千百年人马践踏，加上雨水冲刷，路面不断下陷，较两边的坡地形成了很深的槽谷。路径总长约 700 米，路面一般宽 1~2 米，低于地表 3~5 米，由于废弃时间较久，路两侧树木茂密，不仅路面上堆积了大量枯枝败叶，而且树枝在上空形成一个密不透光的路盖，人行其中，光线阴暗，人称“死亡谷”，是古道上少见的特殊路段之一。

（7）南斋公房遗址。南斋公房遗址位于隆阳芒宽罕弄村（百花林保护站）

以西约22千米的高黎贡山南斋公房垭口东侧台地上。台地海拔3 160米，地扼保腾古道中线翻越高黎贡山的交通要隘。史载，早在唐代中期南诏王阁逻凤“西开寻传”时，就在这里设站控制交通。

（8）南斋公房垭口抗日战场遗址。该遗址位于隆阳芒宽罕弄村（百花林保护站）向西约22千米高黎贡山南斋公房班口一带。山体海拔3 170米，东西纵深约150米，是保腾古道中线翻越高黎贡山的最高控制点。

（9）南斋公房西坡古道石板路。石板路位于腾冲曲石江苴村东北约20千米的南斋公房西坡雪冲洼山谷中，山谷地势东高西低，两边山崖夹峙，丛林蔽日，地形极为险要。史载，古道最早开辟于汉晋时期，唐宋时扩修、铺筑为石板路，长期成为南诏大理国统治者经略腾冲及以西地区官营驿道主线路。元代以后，随着南线城门洞驿道的开设而改为民用，直到1952年保腾公路通车后才被废弃。雪冲洼、高脚崖、大理仔撑腰石等多处险要景观，被认为是古道上最能考验人们意志和耐力的代表性路段。

（10）江苴驿古街道。江苴驿古街道位于腾冲曲石江苴主村落内，为保腾古道中线南斋公房西坡主要驿站所在地。史载，驿站最早由唐代南诏王阁逻凤“西开寻传、南骠国”所设。此后成为南诏大理国统治者经营永腾驿道的重要基地。元代以后，虽然驿道改行南线，但是从此线往返的马帮、行人并未因此减少，由此带动驿站商贸活动的长期繁荣，逐渐发展成为古道上一个重要的商业集镇。

3. 保腾古道南线

保腾古道最早可能形成于汉晋时期，为三国诸葛亮南征的主要行军线路。当时因战略需要，蜀国曾于中途海拔最高的高黎贡山城门洞分水岭建“诸葛亮城”，作为西出腾冲、南控龙陵的主要交通要塞。之后，因古道途经的潞江坝气候炎热，瘴病肆虐，较少有人从此路通行。元代云南行省纳速剌丁征缅定边后，考虑到该线路沿途地势较怒江上游的北、中两线平缓且里程较短，将其列为通缅驿道主线路，当地进行了大规模的扩修、开发，并于沿途设置蒲缥、八湾（今坝湾）、橄榄寨几大驿站，予以管理。此后，历经明清两代不断扩修、改建，苦心经营，该驿道成为我国历代中央王朝经略滇缅、控制边服的主要战略通道。之后，至1952年保腾公路建成通车，才最终被废弃，前后沿用了1 600多年。

（1）豁免蒿子铺额外杂派徭役告示碑。碑存于隆阳汉庄蒿子铺一赵姓村民家中，为古道上现存重要的驿站业务管理碑记。清光绪十六年（1890年）四月，碑文由保山知县史建中颁布，蒿子铺铺头杨逢田，铺夫赵文海、杨早等人刻立。碑文主要记述了县府同意废除蒿子铺额外杂派徭役，专职从事公件驿递业务的理由及对铺户的职责要求等史实，对研究了解古道的邮驿发展历史，有着十分重要的意义。

（2）冷水箐西坡古道石板路。石板路位于隆阳蒲缥冷水箐垭口西下侧，为保腾古道南线保存较好的路段之一。据了解，该段古道最早可能开辟于三国时期，元代改设为官道后，曾于明清两代做过多次扩修、铺设，长期沿用不衰，直到1952年保腾公路通车后，才被废弃，迄今已有600多年的历史。石板路由于长期经人走马踏和雨水冲刷，多数路石已打磨光滑、发亮，有成串的马蹄印痕存留其间。

（3）泡石灶马帮歇脚站。泡石灶马帮歇脚站位于隆阳道街马料铺以东约4千米的盘蛇谷古道边一处台地上。据了解，该地因位置介于道街和马街之间，早在元明时期，就被往来马帮用作中途歇脚、午炊之地，并长期沿用下来，直至该古道被废。由于地处深谷，少有人到，原有的歇脚场、拴马石、灶洞和置物台均保存完好，是古道上难得一见的马帮生活遗迹。

（4）道街老渡口及碑记。该遗址位于隆阳潞江道街村西南1.5千米的怒江边上，为保腾古道南线早期段过怒江的主要通道。据了解，渡口最早开辟于诸葛亮南征之际，时因气候炎热、瘴疠肆虐而少有行人。元代以后，随着潞江坝的开发，该渡口被列为云南入缅驿道的主要通道，设军户、税卡在此摆渡、收税。明代又增设渡田予以长期经营，并一度在西岸开街设市，作为古道上的一个重要中转站。现存清道光年间江西客商公立的“渡口公田碑”记录了这一史实。

（5）城门洞分水关遗址。该遗址位于隆阳潞江蒲满哨村西约4千米的高黎贡山分水岭东侧一带，为保腾古道南线早期段翻越高黎贡山的主要关隘设施。《新唐书》记载，古关最早形成于诸葛亮南征之际，时因战事需要，曾于高黎贡山山顶筑城镇守，一夜而成，史称“诸葛亮城”。又因当地将关卡按城门样式筑在古道必经的分水岭迹口上，形成一个门洞孔道，故后人也称之为“城门洞”。元初征缅，当地曾组织人力进行过大规模扩修，城门洞是该时期云南通缅驿道上最重要的关卡之一。

（6）禾木树马站遗址。禾木树马站遗址位于隆阳潞江香树村西约6千米高黎贡山东坡禾木树山梁后侧，为保腾古道南线晚期段翻越高黎贡山的主要马站之一。

（7）蛮猛寺遗址。该遗址位于隆阳潞江坝湾街西北约4千米的高黎贡山东坡蛮猛山上，北距禾木树驿站约500米，为保腾古道南线晚期段禾木树至坝湾支线上较重要的寺庙兼马站之一。据碑刻，寺因地居蛮猛山而得名，始建于清道光年间。

（8）黄竹园铺马站遗址。该遗址位于腾冲芒棒大蒿坪村东南约 11 千米的高黎贡山西坡黄竹园山洼台地上，东距黄竹园铺址约 1 千米。史料记载，该马站最早创建于清朝道光年间黄竹园古道开通之际，至 1922 年古道改走小平河后，被废弃，前后沿用约 80 年。

（9）小平河马站遗址。该遗址位于隆阳潞江香树村西约 30 千米高黎贡山三岔洼分水岭东侧的小平河谷地中，为保腾古道南线晚期段翻越高黎贡山的重要马站之一。

（10）龙川江铁索桥。龙川江铁索桥位于腾冲芒棒桥街村西侧龙川江上，为保腾古道南线过龙川江的主要通道。史载，其地原为渡口，最早开辟于诸葛亮南征之际。元代云南行省设置通缅驿道后，为提高驿道通行能力，乃于至正年间在此搭建木桥，几经兴废，又于明代弘治年间改在上游 500 米处新建铁索吊桥。明末桥毁，腾越知州李之仁于万历四十一年（1613 年）将其迁至元代旧址重建。

（11）橄榄驿古街道。橄榄驿古街道位于腾冲芒棒橄榄寨内，东距龙川江铁索桥 3 千米，为保腾古道南线上与蒲缥、坝湾并列的 3 个主要驿站之一。

（12）橄榄坡古道石板路。橄榄坡古道石板路位于腾冲芒棒橄榄寨以西的橄榄坡一带的山梁上。史载，该段古道最早开辟于三国时期，元代设置通缅释道时纳入官方经营，并设橄榄释予以管理。明代以来石板路多次扩修、铺筑，成为保腾古道南线出入腾冲的主要通道，1952 年，保腾千米通车后该通道改为民用至今。

（13）甘露寺开山和尚墓碑。该遗址位于腾冲芒棒甘露寺村边性通和尚墓内。墓始建于元代，清代嘉庆二十一年（1816 年）甘露寺住持僧源晟重修并为立碑以纪其业绩。碑文展示了腾冲古道发展、演变的历史，有一定的学术研究价值。

（14）玉璧坡古道石板路。玉璧坡古道石板路位于腾冲玉璧村东玉璧坡（也称巅峻山）上，为保腾古道南线进入腾冲县（现腾冲市）城的主要通行路段。史载，古道最早可能开辟于诸葛亮南征之时，元代置云南通缅驿道后纳入官方经营。现存路径东起玉璧坡山顶接芹菜塘土路，向西沿斜坡曲折而下，至玉璧村口止，总长约 6 千米。是保腾驿道上铺设标准最高、路面保存最好，且自然风光最美的绝佳景观通道，2011 年被公布为保山市文物保护单位。

4. 腾冲出境古道

腾冲出境古道为古代自腾冲出境前往缅甸、印度的古道主线路，主要包括由腾冲至缅甸密支那和腾冲至缅甸八莫两个方向的四条线路，即腾密古道北线、腾密古道南线和腾八古道北线、腾八古道南线。

（1）腾密古道北线。史载，古道最早形成于战国时期，为早期民间商旅从腾冲经缅甸密支那前往印度的主要通道，东汉永昌郡建立后古道曾纳入官方经营，成为中印经济文化交流的重要线路。唐代中期南诏王阁逻凤“西开寻传”时，曾组织军民进行过大规模扩修、铺筑，作为大军西征寻传、扑子诸蛮，于其地置丽水节度（今缅北密支那以东一带）的主要通道。元明以来，腾密古道北线长期成为我国历代王朝管理今缅北江心坡一带的茶山、里麻等土司地的通道之一，直到20世纪40年代中印公路腾冲至密支那段修通后才被最终废弃，前后沿用时间达2 400余年。古道东起腾冲城，向西经和顺、中和，到达古永（今猴桥）后，分别从三岔河、猴桥、棕包河等地过棋榔江上高黎贡山，至中额边境美古卡、刺桐地迹口和黑泥潭垭口，接缅境古道转密支那，境内段单线里程约80千米，复线里程约140千米。沿途已知的历史遗迹共10余处，其中保存较好的主要有5处。

①三岔河碉堡遗址。该遗址位于腾冲猴桥轮马村北6千米槟榔江上游的三岔河谷地上，为腾密古道北线古永一美古卡支线的主要边境关隘设施。

②大岔河老吊桥。吊桥位于腾冲猴桥三岔河村西侧的槟榔江大岔河上，为腾密古道北线古永一美古卡支线出境的主要过江通道。据了解，该桥始建于清代道光年间扩修三岔河碉堡之际，初以当地的藤篾搭设，屡毁屡修，前后沿用百余年。至20世纪70年代，由当地政府资助改藤索为钢缆，沿用至今。该桥较多地保存了当地传统藤篾吊桥的原始建造方法，有一定的历史意义。

③美古卡遗址。美古卡遗址位于猴桥镇轮马村三岔河西北约15千米的中缅边界狼牙山美古卡垭口上，因地处槟榔江支流美古河源头而得名，主要控制从三岔河向西北上狼牙山，经美古卡垭口，前往缅北密支那等地的古道出境要隘。

④猴桥老吊桥遗址。该遗址位于腾冲猴桥镇猴桥村南300米古永河口上侧的槟榔江上，为腾密古道北线猴桥主线过槟榔江的主要通道。民国《腾冲县志稿》记载，早年古道开通后，当地傈僳人“以藤为桥”，将藤篾编成粗绳系于两岸树干间，如猴子般顺索攀缘而过，因之取名“猴桥”。

⑤棕包河卡得胜碉。棕包河卡得胜碉位于腾冲猴桥镇猴桥村南7千米棕包河口的槟榔江南岸，为腾密古道北线茶花塘支线的主要出境关隘。民国《腾

冲县志稿》记载，系清代道光三年（1823年）腾越厅同知胡启荣为防止江外“野人”（今缅北克钦族）入境抢劫而建，为时设腾越边境77碉之一。该碉堡于1988年被列为腾冲县文物保护单位，2005年被公布为保山市文物保护单位，2008年因该地要建棋榔江电站，棕包河卡得胜碉被整体搬迁至东侧山梁上重建。

（2）腾密古道南线。史载，其最早形成于唐代中期，为南诏王阁逻凤“西开寻传，南通骠国”的行军路线之一。元初征缅，元朝曾组织军民进行过大规模的扩修，并以此作经略缅北勐养（密支那）之地的通道之一。清代中期以后，随着中缅经贸交往的扩大，曾一度成为腾冲商旅从腾冲前往密支那和英美探险家自密支那前来中国的重要通道。古道东起腾冲城，向西经和顺、中和，至中缅边界那邦镇，接缅境古道转密支那，境内段里程约140千米。沿线已知的历史遗迹共10余处。其中保存较好的有3处：打板箐卡遗址、大歇场坡古道槽谷路、神护关遗址，神护关关址于1986年被公布为盈江县文物保护单位。

（3）腾八古道北线。史载，古道最早形成于汉晋时期，唐代南诏王阁逻凤“西开寻传，南通骠国”时做过大规模的扩修，作为之后长期与缅甸各地经贸交往的主要通道。元代征缅战争结束后，被云南行省列为通缅驿道主线路，在沿途设置镇夷关、曩宋驿等机构进行管控。境内段里程约160千米，沿途已知的历史遗迹共10余处，其中保存较好的有7处：镇夷关石拱桥、蔺家寨古道石拱桥、蔺家寨古道饮马池、蔺家寨始祖蔺宽墓碑、黄果树塘哨楼、小河底石板桥、铜壁关遗址。

①镇夷关石拱桥。镇夷关石拱桥位于腾冲清水镇夷关村北200米大盈江上，为古道腾八路腾冲至梁河段过大盈江的主要桥梁之一。史载，其地原为渡口，开于汉晋，盛于唐宋。元代设置通缅驿道后，朝廷曾多次搭木桥，并设关卡以镇蛮夷，故名镇夷关。1988年镇夷关石拱桥公布为腾冲县文物保护单位，2005年被列为保山市文物保护单位。

②铜壁关遗址。铜壁关遗址位于盈江县铜壁关乡老官坡村雪列山上，为明万历二十二年（1594年）云南巡抚陈用宾所筑滇西边境八大关卡之一，地控腾八古道自盈江经蛮允南出缅甸八莫的必经要隘。该遗址于1986年被列为盈江县文物保护单位，现在门洞右侧立有保护标志碑一座。

（4）腾八古道南线。史籍记载，古道最早形成于唐代，为南诏王阁逻凤“西开寻传，南通骠国”的行军线路之一。元代云南行省纳速剌丁设置通缅择道时，腾八古道正式被纳入官方经营。境内段里程约120千米，沿线已知的历史遗迹共10余处，其中保存较好的有3处，分别为杉木笼山古驿道、杉木笼隘遗址、“山川一览”石刻。

①杉木笼山古驿道。杉木笼山古驿道位于梁河县芒东乡与陇川县清平街之间的杉木笼山上，为古道腾八路南线从梁河至陇川翻越杉木笼山的主要路段。史载，古道最早开辟于唐代南诏王阁逻凤“西开寻传，南通骠国”之际，元代开始设为官营驿道。

②杉木笼隘遗址。杉木笼隘遗址位于梁河、陇川两县交界的杉木笼山上，现属陇川县护国乡管辖，为腾八路古道南线自腾冲经梁河、过芒东南出陇川边地的天险关隘。关隘地处山脊，海拔2 000余米，有一山控三坝（东边的梁河萝卜坝、勐养坝和西边的陇川坝）之势，自古为兵家必争之地。目前，除个别碉垒被毁外，整个关隘和兵营基本保留了明清时期的建设风格，具有很高的史学研究和旅游观光价值。

③“山川一览”石刻。“山川一览”石刻位于陇川护国杉木笼隘南下端一拔地而起的巨石上。石刻所在的杉木笼山海拔2 000多米，为古道通边的关隘所在，地处高险，气势雄伟。

三、南方丝绸之路沿线文化遗产资源对比

（一）云南南方丝绸之路沿线国家级文化遗产

云南作为少数民族聚居的边界省份，长期和邻国保持密切往来。同为南方丝绸之路沿线，四川和云南的历史遗迹经过上文对比以后，我们发现云南的遗址遗迹数量明显比四川多得多，且遗址类型丰富。云南国家文保单位类别列举如表3-1所示。

表3-1　云南南方丝绸之路沿线全国重点文物保护单位一览表

序号	名称	所在地区	全国文物保护单位批次
1	袁滋题记摩崖石刻	昭通市	国家级第三批（唐）
2	龙氏家祠	昭通市	国家级第七批（1930年）
3	瓦石悬棺	昭通市	国家级第七批（唐）
4	孟孝琚碑	昭通市	国家级第六批（汉）

表3-1（续）

序号	名称	所在地区	全国文物 保护单位批次
5	陆良大觉寺（大觉祥寺）	曲靖市	国家级第七批（元、明）
6	大河遗址	曲靖市	国家级第七批
7	会泽会馆	曲靖市	国家级第六批（清）
8	爨龙颜碑	曲靖市	国家级第一批（南朝）
9	罗汉山古墓群	曲靖市	国家级第七批（东汉至唐）
10	可渡关驿道	曲靖市	国家级第七批（秦至清）
11	爨宝子碑	曲靖市	国家级第一批（东晋）
12	段氏与三十七部会盟碑	曲靖市	国家级第一批（大理国遗物）
13	八塔台墓群	曲靖市	国家级第六批（周至明）
14	白羊村遗址	大理白族自治州	国家级第六批（新石器时代）
15	崇圣寺三塔文化旅游区	大理白族自治州	国家级第一批（唐、五代）
16	州城文庙和武庙	大理白族自治州	国家级第六批（明至清）
17	银梭岛遗址	大理白族自治州	国家级第七批（新石器时代至商）
18	喜洲白族古建筑群	大理白族自治州	国家级第五批（明、清）
19	元世祖平云南碑	大理白族自治州	国家级第五批（元）
20	等觉寺	大理白族自治州	国家级第七批（明）
21	沙溪兴教寺	大理白族自治州	国家级第六批（明至民国）
22	佛图寺塔	大理白族自治州	国家级第六批（唐）
23	海门口遗址	大理白族自治州	国家级第七批（新石器时代至夏、商、周）
24	景风阁古建筑群	大理白族自治州	国家级第一批（南诏、大理）
25	巍山县巍宝山长春洞	大理白族自治州	国家级第六批（清）
26	西门街古建筑群	大理白族自治州	国家级第六批（明）
27	太和城遗址	大理白族自治州	国家级第一批（南诏）
28	弘圣寺塔	大理白族自治州	国家级第七批（唐至宋）

表3-1（续）

序号	名称	所在地区	全国文物保护单位批次
29	云南驿古建筑群	大理白族自治州	国家级第七批（清）
30	西门街古建筑群	大理白族自治州	国家级第六批（明）
31	南诏镇古建筑群	大理白族自治州	国家级第七批（清）
32	顺荡火葬墓群	大理白族自治州	
33	昽玕图山城址	大理白族自治州	国家级第六批（唐）
34	水目寺塔	大理白族自治州	国家级第六批（唐至明）
35	云南驿古建筑群	大理白族自治州	国家级第七批（清）
36	诺邓白族乡土建筑群	大理白族自治州	国家级第七批（明至清）
37	沘江古桥梁群	大理白族自治州	国家级第七批（明至民国）
38	和顺图书馆旧址	保山市	国家级第六批（民国）
39	保山玉皇阁	保山市	国家级第六批（明）
40	汉庄城址	保山市	国家级第五批（汉）
41	绮罗文昌宫	保山市	国家级第七批（清）
42	滇西军都督府旧址及叠园集刻	保山市	国家级第七批（1911年）
43	玉皇阁	保山市	国家级第六批（明）

（昆明作为云南省省会城市和南方丝绸之路主要交汇点，遗迹和景点众多，有18个国家级重点文物保护单位，这里暂未列入表内。）

（二）四川南方丝绸之路沿线国家级文化遗产

四川省的国家文保单位也很多，如表3-2所示：

表3-2　四川南方丝绸之路沿线全国重点文物保护单位一览表

序号	名称	所在地区	全国文物保护单位批次
1	乐山大佛景区	乐山市	国家级第二批（唐）
2	峨眉山市大庙飞来殿	乐山市	国家级第三批（宋、元）
3	犍为文庙	乐山市	国家级第六批（明至清）
4	峨眉山古建筑群	乐山市	国家级第一批（宋）

表3-2(续)

序号	名称	所在地区	全国文物保护单位批次
5	郭沫若故居	乐山市	国家级第六批（清）
6	夹江千佛岩石窟	乐山市	国家级第六批（唐）
7	麻浩崖墓	乐山市	国家级第三批（东汉至南北朝）
8	离堆	乐山市	国家级第七批（秦至清）
9	三江白塔	乐山市	国家级第七批（宋）
10	三苏祠	眉山市	国家级第六批（清）
11	报恩寺	眉山市	国家级第六批（元至清）
12	甘泉寺	眉山市	国家级第七批（明至清）
13	丹棱白塔	眉山市	国家级第七批（宋）
14	郑山、刘嘴摩崖造像	眉山市	国家级第七批（唐）
15	能仁寺摩崖造像	眉山市	国家级第七批（唐至宋）
16	中岩寺摩崖造像	眉山市	国家级第七批（唐至清）
17	冒水村摩崖造像	眉山市	国家级第七批（宋至清）
18	曾家园	眉山市	国家级第七批（1937 年）
19	江口崖墓	眉山市	国家级第五批（汉）
20	瑞峰崖墓群	眉山市	国家级第六批（汉）
21	双堡牌坊	眉山市	国家级第六批（清）
22	牛角寨石窟	眉山市	国家级第六批（唐）
23	真武山庙群	宜宾市	国家级第四批（明、清）
24	楞严寺	宜宾市	国家级第七批（明）
25	僰人悬棺葬（墓）	宜宾市	国家级第三匹（宋至清）
26	隘口石坊	宜宾市	国家级第六批（清）
27	夕佳山民居	宜宾市	国家级第四批（明、清）
28	旋螺殿	宜宾市	国家级第六批（明）
29	中国营造学社旧址	宜宾市	国家级第六批（1940—1946 年）
30	五粮液老窖池遗址	宜宾市	国家级第七批（明至清）
31	七个洞崖墓群	宜宾市	国家级第七批（东汉）

表3-2(续)

序号	名称	所在地区	全国文物保护单位批次
32	南广河流域崖墓群及石刻	宜宾市	国家级第七批（明）
33	旧州塔	宜宾市	国家级第七批（宋）
34	南溪城墙	宜宾市	国家级第七批（明至清）
35	大观楼	宜宾市	国家级第七批（清）
36	黄伞崖墓群	宜宾市	国家级第六批（汉）
37	石城山崖墓群	宜宾市	国家级第六批（宋至明）
38	流杯池石刻	宜宾市	国家级第八批（宋至民国）
39	大石墓群	凉山彝族自治州	国家级第六批（战国至汉）
40	大洋堆遗址	凉山彝族自治州	国家级第六批（周至战国）
41	博什瓦黑岩画	凉山彝族自治州	国家级第六批（唐至宋）

（注：同表 3-1，成都市作为四川省省会城市，遗迹和景点众多，有 39 个国家级重点文物保护单位未列入表内。）

从表 3-1、表 3-2 可以看出，四川和云南两省南方丝绸之路沿线的国家级文物保护单位数量相差无几，两地在文物遗产保护工作中可以互通有无，借鉴经验，跨区域联合保护，这样更有利于文物遗迹深入开展研究工作。

南方丝绸之路——青铜文化篇

因为青铜文化在南方丝绸之路的发展历程中起着不可忽视的重要作用，在本书第二部分已略述五尺道青铜文化与古代文化交流的关系，此处专列一章详细叙述。

中华文明源远流长，考古学、历史学和人类学是为世人所公认的中华文明研究的重要学科。南方丝绸之路从成都出发，纵贯了川西北、川西南山地、横断山区和云贵高原，这一广袤的地区自古便是中国南北民族的迁徙通道，也是中国南北文化的重要交流通道之一。南方丝绸之路是最早的开放之路、重商开拓之路、多元文化之路、和平开发之路、旅游文化之路。早在新石器时代，中国南北文化的交流在这一地区就已初见端倪。约在商代晚期至周代初期，南丝路所在的西南夷地区进入了青铜时代，春秋至西汉早期，受到中原青铜文化的强烈影响，其青铜文化较为发达，分布在南方丝绸之路沿线的各文化都陆续进入青铜时代，其中以三星堆—金沙遗址青铜文化为代表的古蜀文化，发展水平最高，时间最早，形成了西南地区的“文化高地”。南方丝绸之路不仅是巴蜀文化向外传播与辐射的重要路线，也是西南地区诸青铜文化间相互影响和文化传播的路线。与此同时，西南地区各青铜文化也保持着自身鲜明的文化特色，共同构成了丰富多彩西南地区青铜文化，中国西南民族地区青铜文化的发展在我国青铜文化中占有特殊的地位。

先秦秦汉时期中国西南地区的青铜文化，由北向南，可以划分为三个大的文化区和若干个亚区。它们是四川盆地为中心的巴蜀文化区、以西北、川西南山地、横断山区和滇西高原的冉駹文化区、邛都文化区和昆明文化区，分布在滇中高原和滇东地区的滇文化区。此外，还存在一些小的青铜文化区，如昭通盆地、保山盆地、城河流域的青铜文化等（肖先进，2007）。以三星堆为表征的古蜀青铜文化对西南地区各青铜文化的辐射与影响最明显的影响主要表现在以下几个方面：众多的青铜人物和动物造型，三角援铜戈，神树及树形器，金杖和铜杖，有领铜璧，太阳图案及太阳崇拜，等等。2007 年 10 月，“三星堆与南方丝绸之路青铜文物展”在三星堆博物馆正式对外开展。展览荟萃川、滇青铜文物精华凡318件（套），其中一级文物达42件。展品琳琅满目、风格多样，其中如三星堆青铜大立人、金面罩人头像及纵目面具、西昌盐源鸟饰鱼纹杖与三人背水杖、茂县牟托龙纹搏钟、宝兴错金银云纹带钩，云南五牛盖贮贝器、铜鼓、房屋模型扣饰以及川滇所出以山字格剑为代表的各式铜剑、形式丰富的蜀式戈等，或体量硕大，或玲珑巧制，或铸饰工细精丽，或造型神秘奇诡，充分展示了古代西南青铜艺术的丰硕成果，彰显出其丰厚深邃的文化内涵。

一、权杖文化

段渝（2008）在《南方丝绸之路研究论集》中详细论述了南方丝绸之路沿线的青铜文化的铜杖崇拜和国内北方地区的“九鼎”崇拜几乎毫无关系，却和国外西亚地区的金杖文明有不可分割的渊源。相关古文献记载，中国夏、商、周三代政治和经济特权的最高象征是所谓的“九鼎”。古人有“禹收九牧之金，铸九鼎”“禹贡金九收，铸鼎于荆山下，各象九州之物”等描述，古人用“九鼎”代表国家权力，从商周时期的出土文物看，有形制众多的铜鼎，并形成相应的鼎、簋相配合的整套用鼎制度。

但通观三星堆出土器物，能够代表王权和神权以及财富的，是金杖。在这里不得不提的是三星堆一号坑内出土的用纯金皮包卷而成的金杖，上端有平雕纹饰图案，且在杖头20厘米处，有一穿孔的铜龙头饰件。龙是古代中国自新石器时代以来神话的主题内容之一。这是一柄象征权力的帝王权杖，在三星堆的祭祀坑中，虽然出土了一些包含了中原商文化因素的文物，如尊、罍等器物，但却没有出土过鼎。这充分说明，在蜀人的观念中，鼎处于无足轻重的地位。而世界上出现的第一具杖，是西亚欧贝德文化第四期（Ubaid IV，约在公元前4 000年）埃利都神庙第7~6层的墓中发现的男子雕像手中的杖。青铜时代的西亚，用拐杖表示王权和神权，在当时的石刻、雕塑等艺术作品中比比皆是，著名的汉穆拉比法典石碑上半部浮雕上的太阳神像，左手握着一柄无杖首的短杖，这种传统持续了很久。

埃及出现权杖的年代则晚于西亚，在举世闻名的希拉康坡里遗址（Site of Hierakonplis）神庙地面下出土了数十件标志王权的权标头。这一时期的埃及权标，在形制上几乎与西亚欧贝德文化晚期的完全一样。所以，埃及权标文化源于西亚，是有根据的。古代爱琴海文明中，希腊、罗马的贵族统治者的手握带权标头的短小权杖的情形早已为人们所熟知。这些都说明权杖象征权力和财富的文化原本是西亚的地方文化传统，这种文化极有可能在公元前2000年被带到了中国的川西平原，其途径就有可能是沿着“南方丝绸之路”的“滇缅道”（藤泽毅美，1984），先由西亚到中亚，再由中亚经巴基斯坦、缅甸、云南转入川西平原。但川西平原的权杖文化又融入了北方草原和华北地区的文化色彩，加入了龙头形制。在夏商时代，龙的神话和龙的形象在华北地区广泛传播，成为王朝兴衰的象征，所以川西平原金杖文化反映的文化因素是多方面的，包含了西亚和埃及的文明因素，以及中国北方草原和华北商文明因素，是一种包容性广的复合型文明。我们透过南丝路这条蜿蜒曲折的小路看到了我国文化和世界文化的联通，促进了我国古代世界文明的融合和发展。

二、摇钱树文化

在南丝路沿线，考古中发现的“青铜树”，四川居多，云南次之，贵州最少。由于青铜树是由青铜铸就的，叶片上有各式各样的钱币图像（以五铢钱、莽钱为多），故世人一般称为“摇钱树”或“钱树”。迄今在考古发掘中还没有发现完好无损的青铜钱树。青铜树一般通高在1.5米左右，分两部分。上部是青铜树，约高1米；下部是陶（石）制的树座。铜树分树干、叶片、树冠三个部分。树干为分节插接，有的分节而无饰，有的纹饰十分精彩。青铜树位置的分布，目前已公布出土的钱树在100棵以上，成都平原出土的最多，包括整个四川盆地，约占出土量的50%。宜宾汉墓中也曾出土一棵青铜树，青铜树就的叶片上有各式各样的钱币图像。云贵高原的安顺、清镇、兴仁、兴义、昭通、呈贡、大理、保山等地，及陕南盆地的汉中、城固、勉县、南郑等地也有出土（林向，2008）。

有确切纪年的、可知最早的青铜树为1937年在云南昭通曹家老包的“梁堆”东汉墓葬中出土，与青铜树残片同出土的红砂石插座，其上刻有“建初九年三月戊子造”，东汉章帝“建初”只有八年，第九年七月改元“章和”，此处因三月仍沿用“建初九年”，即公元84年。1941年，四川彭山寨子山550号崖墓出土飞羊乘神陶插座，洞口刻有“永元十四年三月二十六日王相造”14字，东汉和帝永元十四年为公元102年。四川其他出土的青铜树、树座的年代一般也都为东汉到三国蜀汉或可晚至魏晋。而云贵的青铜树出土时间似乎更早，如云南昭通曹家老包汉墓和贵州清镇一号墓都出石质树座与青铜树残片18片，均属于东汉早期，也许说明青铜树与钱的结合最先是在巴蜀文化区的南部形成的。云南保山汉庄乡砖墓则属于三国蜀汉。

西南地区出土的汉魏青铜树，过去称为“钱树”“摇钱树”，实际上，它原有的古称应该是“柱铢”。它的社会功能是为主人升天而准备的“天梯”。三星堆遗址反映出青铜神树是古蜀人的膜拜中心，青铜树上的花果和鸟是太阳的象征，也是古蜀文化中“崇日”习俗的集中表现。到了汉魏时期，时代变了，但巴蜀地区的人仍秉承本土的神树崇拜习俗，并在反映汉魏商品经济发展的“钱神”观念的支配下，把对“太阳”的崇拜逐步让位于对“金钱”的崇拜了。

南方丝绸之路——新时代通道发展篇

一、新时代下“一带一路”的五尺道文化线路的发展机遇与发展路径

（一）“一带一路”概念发展及与南方丝绸之路的战略关系

如前所述，南方丝绸之路沿线所遗留的文物、遗迹众多，数千年来一直发挥着不可或缺的作用，成为经济贸易、文化交流、民族融合的重要通道。从中我们也可以感受到在漫长的历史长河中，由于受到外界自然和社会环境改变的影响，这些古老的南方丝绸之路经历了由兴而衰的跌宕起伏，见证了社会发展的沧海桑田。近年来，国家开始重视“南方丝绸之路”的重新建设。习近平主席于 2013 年 9 月和 10 月出访中亚及东南亚国家时分别提出建设“丝绸之路经济带”与“21 世纪海上丝绸之路”的倡议构想。党的十八届三中全会提出，推进丝绸之路经济带、海上丝绸之路建设，形成全方位开放新格局。2017 年 5 月 14 日，在北京召开的为期三天的“一带一路”国际合作高峰论坛上，习近平主席发表“携手推进‘一带一路’建设”的主旨演讲，指出“一带一路”建设根植于历史，但面向未来。古丝绸之路凝聚了先辈们对美好生活的追求，促进了亚欧大陆各国互联互通，推动了东西方文明交流互鉴，为人类文明发展进步做出了重大贡献。我们作为当代人完全可以从古丝绸之路中汲取智慧和力量，本着和平合作、开放包容、互学互鉴、互利共赢的丝路精神推进新时期的合作和发展。

“一带一路”是新时代我国面向西南对外开放的重要布局，符合全方位对外开放和西部大开发的需要，也是我国与周边国家沿着历史足迹，共同延续几千年的友好交往和互利合作的重要宣示。我们需要清楚地认识到，新时代下的南方丝绸之路是“一带一路”的重要组成部分。空间上，它在西南地区，既

与北方丝绸之路互相呼应，又通过云南出境与海上丝绸之路相通，向南连着南太平洋区域，向西连着印度洋区域。因而新南方丝绸之路是构建“一带一路”不可或缺的部分。战略上，一个是北方丝绸运输之路，一个是西南有“海贝”之路、“蜀布”之路、“盐业”之路多种称呼的丝绸之路，两者互为补给。时间上，北方丝绸之路形成于西汉时期，距今2 000多年，南方丝绸之路早在西周时候就有雏形了，在秦朝开始大力修建贯通，沿线出土的文物足以说明这点，即使南方丝绸之路的开辟时间只算在秦代，也比北方丝绸之路早很多。

（二）五尺道是联系长江经济带与孟中印缅经济走廊的重要节点

2013年5月李克强总理在访问印度时首次提出建设孟中印缅经济走廊（Bangladesh-China-India-Myanmar economic corridor，BCIMEC），之后习近平主席提出了建设“一带一路”的建设构想。“一带一路”的建设是中国与世界其他国家在新时期扩大开放与合作的重要战略政策之一。其中孟中印缅经济走廊是“一带一路”倡议的重要组成部分。孟中印缅经济走廊涵盖中国、孟加拉国、印度、缅甸四国，可以说，孟中印缅经济走廊既是南方丝绸之路的核心内容和关键路段，又是北接北方丝绸之路经济带，南连21世纪海上丝绸之路的重要联络线。孟中印缅经济走廊，也是我国沟通南亚、东南亚国家的通道和枢纽（刘小龙，2016）。

我国的云南省以良好的边境区位条件、可控的政治关系和较好的人文基础在孟中印缅经济走廊建设过程中占据了对外开放的高地，“蜀身毒道”“南方丝绸之路”在这里交汇。如前所述，历史上五尺道发挥了沟通西南地区与印度乃至欧洲的桥梁作用，而时隔2 000多年后的今天，我们仍可以感受到这个重要作用，不得不佩服。2008年昆（明）曼（谷）国际大通道全线贯通，打通了中国陆路连接东南亚国家的重要交通大动脉。现今以五尺道为代表的南方丝绸之路东线是长江经济带和昆曼国际大通道及孟中印缅经济走廊连接的重要节点，宜宾是长江文明的龙头，连接着四川和云南。南方丝绸之路东线是真正的通江达海之路，可以填补内陆交通与沿海交通线连接的空白，加深内陆地区和沿海交通的联系。此外，因为南方丝绸之路西线缺乏国家的长江经济带建设的战略支撑，宜宾五尺道的存在完全拉通了中原入蜀南、入滇东北、出南亚、东南亚的国内国际大通道。

（三）南方丝绸之路是南向通道建设的必经途径

西部地区大多数都是东西向大通道，而南北向的几乎没有或者没有完全贯通。"南向通道"即西部陆海新通道是在"一带一路"框架下，向北连接丝绸之路经济带，向南连接21世纪海上丝绸之路和中南半岛的经济走廊。"南向通道"的建设，将让"一带一路"经中国西部地区形成完整的环线，由北部湾海港和南宁向北经贵阳、重庆、成都，连通兰州和西安，形成了我国西部地区的第一条南北向的纵向大动脉，也使我国西北地区多了一条向南出海的大通道。四川的南向通道是以成都为起点，向南经过宜宾、攀枝花、云南、广西出境到达东盟和南亚国家的陆上通道和陆海联运通道。

中国西南各主要省份均处于内陆地区，选择开拓低廉、便捷的对外通道，是西南地区进一步扩大开放、提高可贸易品比较优势的重要途径。西部陆海新通道正是适应了这一迫切需求。四川是支撑"一带一路"建设和长江经济带发展的战略纽带与核心腹地，是连接我国西南西北、沟通南亚、东南亚、中亚的重要交通走廊，也是西部地区最大的消费市场、要素市场，发挥着重要的经济集聚、物资集散作用。

南方丝绸之路是巴蜀文化向外传播与辐射的最重要通道之一，是最早的开放之路、重商开拓之路、多元文化之路、和平开发之路、旅游文化之路。南向通道建设的提出与今天的"丝绸之路"沿线国家关系维护和发展战略古今合并、不谋而合。

更可喜的是，2019年8月国家发展改革委发布《西部陆海新通道总体规划》（以下简称《规划》），《规划》正式将"南向通道"更名为"西部陆海新通道"。通知中提到建设三条通路，共同形成西部陆海新通道的主通道。三条通路分别是自重庆经贵阳、南宁至北部湾出海口（北部湾港、洋浦港），自重庆经怀化、柳州至北部湾出海口，自成都经泸州（宜宾）、百色至北部湾出海口。

三条通路其中一条是建设自成都经泸州（宜宾）、百色至北部湾出海口。古道所经地宜宾在这里看到了快速通道发展的新机遇，也看到了面临的挑战。

目前，宜宾作为长江首城，地处川滇黔三省接合部，是国家"十纵十横"交通规划中南北干线与长江东西轴线的交汇点，是成都—贵阳、重庆—昆明"X形"交通交汇点，是川滇黔地区出入长江黄金水道、成渝经济区连接南贵昆经济区走向东南亚的重要门户，是西部地区天府、两江、滇中、贵安四个国家级新区交汇点，且宜宾临港新区有望争取成为四川第二个国家级新区。以宜宾为通道枢纽，可直接辐射吸纳川、滇、黔、渝3省8市3 700万人，区位优势十分突出。

宜宾通过建设打造内陆开放新高地，建设新的对外开放发展趋势，推进内陆地区从开放的“洼地”走到开放的“前沿”。

1. 北向：宜宾+“蓉欧”班列直达大西洋，对接“一带一路”

出水联运方面：宜宾+“蓉欧”班列直达大西洋，对接“一带一路”运行线路。货物搭乘“蓉欧”班列从成都国际铁路港成都铁路口岸出发，经新疆阿拉山口出境，途经哈萨克斯坦、俄罗斯、白俄罗斯等国进入波兰、德国、法国、荷兰、意大利等国，并且，通过卡车转运，货物可以抵达欧洲诸多国家。蓉欧班列成都至波兰罗兹线路全程约 9 826 千米，运行时间约 12 天，自 2015 年以来已经实现稳定双向运行。

2. 东向：宜宾+“黄金水道”直达太平洋，对接长江经济带

运行线路：长江“黄金水道”以宜宾为龙头，上海为龙尾，整个水系是中国最大的内陆水运体系。主要沿江港口节点有：宜宾、泸州、重庆、宜昌、武汉、九江、南京、南通、上海。东向线路依托通江达海快速通道，对接日韩等东亚市场的开拓，连接欧美市场。

3. 南向：宜宾+“南向通道”直达印度洋或太平洋，对接中国—东盟经济走廊

运行线路：从成都出发，经宜宾向南有三条主要通道出海。

第一条：成都—宜宾—西昌—攀枝花—大理—瑞丽—曼德勒（缅甸）—皎漂（缅甸）—印度洋，全程大约 2 472 千米；

第二条：成都—宜宾—昭通—六盘水—昆明—万象（老挝）—曼谷—克拉运河—印度洋，全程大约 3 442 千米；

第三条：宜宾—昭通—六盘水—威舍—南宁—钦州（防城港）—北部湾—太平洋，全程大约 1 642 千米。

运输时效：第一条线路经皎漂港直达印度洋，大大缩短了经过南海的距离，时间成本也缩短很多，这条路最突出的特点就是其线路与古代南方丝绸之路基本重合，是到达西亚和欧洲的最佳路径选择。第二条线路经克拉运河直达印度洋，距离最长，跨越老挝和泰国两个国家，是通向南亚次大陆的最佳路径。这条线路避开了马六甲海峡的咽喉地带，随着昆曼铁路的开通，这条向南的泛亚铁路将发挥越来越重要的作用。第三条线路经北部湾直达南海，距离最短，是通往东南亚国家的最佳路径。

巴蜀地区从古代“南方丝绸之路”的出发点和主经之地，到如今中新互联互通南向通道的出发点和主经之地，不管这是历史的巧合还是新时代催生的结果，总之，重庆与四川又是开辟南向通道起点的一对双生子。四川省继重庆之后也希望通过建设“一带一路”南向通道，激发西部地区现有基础设施的

潜能，打通对内连接中国西北和西南地区，对外连接东南亚、中亚，并经中欧班列连接欧洲的南北大动脉，实现“一带”与“一路”的有机衔接。南向通道国家新战略的提出和实行，正在让南方丝绸之路这条古道焕发新的时代光辉。

（四）五尺道融入“一带一路”的发展机遇

西汉高后六年（公元前 182 年）在今宜宾城区三江口建立僰道城，汉武帝建元六年（公元前 135 年）置犍为郡，昭帝始元元年（前 86 年），再迁治僰道城。后期从公元 1114 年至今称宜宾城，宜宾已有 2 200 多年建城历史。鉴古通今，宜宾一直是川南、金沙江下游的中心城市。不仅如此，宜宾也是南方丝绸之路对外贸易的重要节点，是万里长江第一城，沟通中国西南与长江中下游。宜宾地处三江交汇处、把持川滇黔渝咽喉、扼守长江龙尾，既是长江经济带起点城市和贯通“一带一路”南丝绸之路上的重叠区，也是我国“一带一路”发展力矩的支撑交汇点。在全国各地都在竞相抢抓融入“一带一路”发展的关键机遇，宜宾全面对接融入“一带一路”发展机遇，不仅事关长江上游地区金沙江、岷江流域腹地战略地位和区域影响力的提升，而且对带动整个川滇黔渝结合部区域搭上新一轮经济全球化快车具有关键性的作用。

宏观层面，宜宾属于成渝地区双城经济圈南部城市群的核心部分。目前，对宜宾本地区融入“一带一路”建设大为有利的国家政策导向有三。其一，国家把深入实施西部大开发战略放在区域发展总体战略的优先位置，加快推进成渝地区双城经济圈的建设，着力在西部地区培育区域性城市群，为南部城市群发展创造了良好的环境。其二，国家加快推进长江经济带建设，着力扩大内陆开放，加快实施面向西南开放、中国东盟自由贸易区等沿边开放战略。其三，国家着力推动发展方式转变，支持老工业基地城市改造和资源型枯竭型城市转型发展，加快推进“中国白酒金三角”建设，扶持乌蒙山片区区域发展与扶贫攻坚，为南部城市群发展提供了强有力的政策支持。

微观层面，随着宜宾市“一绕九射”十二条高速公路、成贵高铁和渝昆高铁等四条高铁的建成通车，宜宾机场的迁建，宜宾立足川南、辐射川滇黔的区位优势更加凸显。随着全市旧城改造的推进，城市形象日新月异，为发展城市文化旅游打下基础。另外，社会资本参与投资旅游业热情高涨，乡村旅游投资成为热点，不断丰富了旅游产品的供给。

（五）五尺道融入“一带一路”的发展路径

长江经济带横跨我国东中西三大区域，覆盖 11 省市，具有独特优势和巨大的发展潜力。改革开放以来，长江经济带已发展成为综合实力最强、战略支撑作用最大的区域之一。位于长江经济带源头的宜宾市地处川、滇、黔三省接合部，是成都经济区、川南经济区、攀西经济区的融合点，是长江经济带和丝绸之路经济带的交汇点。五尺道所在的南方丝绸之路东线地处川南经济区，很好地将西北经济圈、西藏经济国与长江经济带结合起来了。长江沿江区域拥有良好的岸线资源和产业发展基础，是宜宾市生产力空间布局调整、城镇发展、产业优化升级的重要载体。党的十九大报告指出推动形成全面开放新格局，要以“一带一路”建设为重点，加强开放合作，形成陆海内外联动，东西双向互济的开放格局。我们应借助“一带一路”发展的春风，将五尺道在内的南方丝绸之路融入“一带一路”建设，与北方丝绸之路相呼应，更好地促进南方丝绸之路的发展。四川省委省政府制定了《四川省推进“一带一路”建设重点工作（2015—2016）》，但是目前四川的旅游落地的项目较少，需要对接国家旅游战略，构建“一带一路”高地，可以从政策和文化两个方面来考虑。

1. 政策路径

第一，金融政策。2017 年 3 月 5 日，李克强同志在第十二届全国人民代表大会第五次会议上做政府工作报告时指出，2017 年金融改革主线主要包括四个方面：脱虚入实、监管从严、多层次资本市场建设和养老体制改革。其中，脱虚入实是 2017 年经济发展的主基调。疏通传导机制，促进金融资源更多流向实体经济，拓宽保险资金支持实体经济渠道，银行会加大对中小微企业融资的支持力度，聚焦中小微企业、三农领域、社区金融的农商行等将继续享有特色业务禀赋优势。这些信息对地处乡村带的南方丝绸之路沿线经济落后地区来说，无疑是巨大的福音。

第二，优惠政策。2016 年是第十三个五年规划开始之年。国家继续加大中央财政对西部地区的均衡性转移支付力度，逐步缩小西部地区地方标准财政收支缺口。中央财政用于节能环保、新能源、教育、人才、医疗、社会保障、扶贫开发等方面已有的专项转移支付，重点向西部地区倾斜。国家通过多种方式筹集资金，加大中央财政资金支持西部大开发的投入力度。中央财政加大对西部地区国家级经济技术开发区、高新技术产业开发区和边境经济合作区基础设施建设项目贷款的贴息支持力度。此外，最为有利的税收政策对设在西部地区的鼓励类产业企业减按 15%的税率征收企业所得税

第三，扶贫政策。2020 年是脱贫攻坚的最后一年。如前所述，南方丝绸之路沿线由于历史原因，多数地段已不复当年的繁荣，甚至有的还变为贫困地区。此前，2018 年 2 月，习近平总书记来川视察，发表了主持召开打好精准

扶贫攻坚战座谈会并发表重要讲话。并且依据《中共中央国务院关于打赢脱贫攻坚战的决定》《中共四川省委关于集中力量打赢扶贫开发攻坚战中确保同步全面建成小康社会的决定》《四川省“十三五”旅游扶贫规划》《四川省旅游扶贫五年行动计划（2015—2019）》《四川省旅游扶贫专项2017年度实施方案》等扶贫条例，开展旅游扶贫示范创建，形成“以点带面、示范引领”的带动效应。2020年是脱贫攻坚的最后一年，越到紧要关头，越要有信心，增强四个意识，坚定四个自信，做好两个维护，细化、实化攻坚举措，精准施策。选择南方丝绸之路沿线基础好、资源优、辐射带动力强的贫困县创建旅游扶贫示范区，实施旅游富民计划，推动一批旅游重点村建成旅游扶贫示范村，构建形成旅游开发与贫困群众脱贫致富奔小康的利益联结机制，全面实现乡村振兴目标。

2. 文化路径

第一，申遗策略。“一带一路”沿线存有大量的文化遗产，是丝绸之路精神和民心相同的历史见证，是实现“一带一路”建设的文化基石。我国政府出台的多项政策文件①中，均提到了“一带一路”文化遗产保护和利用，并且提出我国将建设“一带一路”文化遗产长廊。五尺道工程绵延千里，经横断山脉，上云贵高原，其间跨越数条江河，在秦的道路工程中最为浩大艰巨，堪与阿房宫、始皇陵、长城、直道、驰道、灵渠等国家工程相提并论，同为秦王朝的七大工程。将五尺道即南丝路东线积极纳入蜀道申遗计划，将五尺道文化线路提升到国家甚至世界文化遗产高度，是完全符合国家的方针政策的，是完全切实可行的。一些著名的川滇共有的旅游品牌如泸沽湖、香格里拉、茶马古道等已被云南省先行开发与申遗，四川不能再落于人后了，否则，以后南方丝绸之路的品牌又要花落别家。值得欣慰的是，宜宾市政府已开始着手其中部分旅游品牌的申遗工作。

第二，品牌策略。旅游资源形象作为一种“无形的经营资源”，是难以单凭抽象的道理解释清楚的。五尺道文化线路的物质和非物质遗产大多具有稀缺性、独有性，再不加以保护和利用，就会消失殆尽，就会给子孙后代造成无尽的遗憾。五尺道沿线的打造应充分注重品牌塑造，挖掘其文化内涵，以古道品牌打造为契机，树立南方丝绸之路的全新文化旅游形象，使之与北方丝绸之路相媲美。

① 指《推动共建丝绸之路经济带和21世纪海上丝绸之路的愿景与行动》《“互联网+中华文明”三年行动计划》《“一带一路”文化发展行动计划（2016—2020年）》等文件。

第三，区域联合策略。“一带一路”概念的提出，本就是对区域联合合作的新的诠释。宜宾市要依托区域间开放合作，提高开放型经济的内生增长动力。宜宾市地处长江上游川滇黔三省接合部，是“长江经济带”重要节点，与川内其他城市相比，具备独特的区位交通优势，承东接西、联南系北，在协调发展区域经济的整体发展格局中起着战略枢纽作用，发展开放型经济的具有独特的优势。宜宾市要积极探索各级区域间合作，构建川南都市圈，推动内江、自贡、宜宾、泸州聚合发展，着力提升城镇化发展水平和产业集聚能力，为加快培育全四川省第二经济增长极提供战略支撑。

加强区域合作也是当前旅游业发展的趋势之一。通过加强区域旅游合作，实现资源共享、客源互送，已成为全球旅游业发展的共识。南方丝绸之路沿线地属川滇两省、乌蒙片区、长江经济带，其开发整合可参照以下思路：首先，可以依据点—轴开发理论，通过点与点之间的资源要素配置，进而通过轴线开发，带动区域旅游的整体发展。在空间上呈串状分布的旅游资源沿发展轴（交通干道）延伸并向两侧辐射形成中长线的特色旅游产品，构成点—轴状旅游资源空间发展形态。其次，依据核心—边缘理论，在区域旅游合作中，旅游资源丰富且品味高的区域获得快速发展，逐步发展为旅游核心区。核心区的资金、技术、人才存在边际效用递减规律，逐渐向外围扩散，并产生次级核心。比如，以宜宾翠屏区为核心区，向川东、滇东北区域扩散。核心区和边缘地区是主次相连、紧密不可分的，两者通过旅游产业各要素的流动合作，达到共赢效果。边缘区为核心区提供资源和地域空间，使核心区的扩散得以实现；核心区为外围地区输入资金、技术、客源、人才等要素，使外围区发展壮大。

南方丝绸之路——五尺道文化旅游篇

笔者将五尺道作为本书的主要研究对象，对它的沿线资源做了较为详细的归纳和评价，以期力推四川的南方丝绸之路在新时代进入新篇章。

五尺道作为一个古道称谓，其发展伴随着川滇经济、文化发展的兴盛与衰败。宜宾是五尺道所在的主要地区，地处川、滇、黔三省结合部，是成都经济区、川南经济区、攀西经济区的融合点，是长江经济带和丝绸之路经济带的交汇点。沿线文化遗产丰富，自然和人文旅游景点众多。

一、五尺道沿线文化资源

下面，笔者将对五尺道的西线、东线、支线进行逐一介绍。

1. 西线

西线主要文化景点如表 6-1 所示。

表 6-1　五尺道宜宾沿线文化资源分布一览表——西线

区县	景区景点	特色	等级	开发保护程度
翠屏区	李庄古镇	三大抗战文化中心之一、古建筑、同济大学等文化旧址、长江文化、	国家历史文化名镇、国家第一批特色小镇	较好
	南广古镇	五尺道起点、古建筑、码头文化		很差
	翠屏公园	森林公园、赵一曼纪念馆、千佛寺	全国第二大森林公园	好
	哪吒行宫	哪吒诞生地	台湾同胞寻根祭祖胜地	较好

表6-1(续)

区县	景区景点	特色	等级	开发保护程度
翠屏区	流杯池公园	纪念黄庭坚、诸葛亮，有宜宾古八景之一；有宋、元、明、清历代名人诗词、书法石刻遗迹90多处	国家4A级旅游景区	好
	天池公园	哪吒还生阁，天池晚照（宜宾古八景之一）	3A级旅游景区	好
	川茶集团科技园	金秋湖	国家农业旅游示范点	好
	真武山道教宫观群	明代道教宫观群，川南著名道教圣地	国家文物重点保护单位	好
	五粮液景区	十里酒城，花园工厂、老窖池	国家工业旅游示范点、世界建筑师大会“当代中国建筑艺术创作成就奖”、全国重点文物保护单位	好
	白塔山风景区	明代白塔	万里长江第一山、省级文物保护单位	好
	大观楼		全国重点文物保护单位	好
	七星山	森林公园、明代黑塔	省级文物保护单位	好
	长江地标广场	千古长江零千米，冠英古街，王爷庙、宜宾赋		好
	佛现山	古道遗迹、栀子花节		一般
宜宾县	横江古镇	有省级文物保护单位朱家民居、肖公馆，县级文物保护单位石城山明代摩崖大佛、石达开柏果坪战场遗址等共计12处。还有体现典型的川滇建筑文化的代表如禹王宫、观音阁、等寺庙建筑，以及32处保存较好的明清建筑，是宜宾市居民建筑保存最完整的古镇	省级历史文化名镇	较好

表6-1(续)

区县	景区景点	特色	等级	开发保护程度
宜宾县	石城山崖墓群	有天堂沟崖墓群、北斗崖宋墓群、二十六臂山崖墓群三个崖墓群	国家级文物保护单位	较好
	石城山	原始森林公园，古战场	省级森林公园	很差
	向家坝库区	是金沙江水电基地的最后一级水电站，横跨两省，高峡平湖风光	我国第三大水电站，西电东送骨干电源点	较好
	天宫山高山茶基地	又名西部黄山，平均海拔1 300米，是宜宾县的“屋脊”，小峨眉，千年古茶树、马帮	全川面积最大，品质最好的高山茶基地，也是四川省发展有机茶最早的茶区	好
	金钟村	形成于明代，有古栈道、庙宇、寨子门	国家级传统村落	较差

2. 东线

东线主要文化景点如表 6-2 所示。

表 6-2　五尺道宜宾沿线文化资源分布一览表——东线

区县	景区景点	特色	等级	开发保护程度
高县	凌云关	五尺道遗迹	县级文物保护单位	差
	石门石刻	清代石碑、石刻	县级文物保护单位	一般
	胜天流米寺	古寺庙、摩崖石刻	川南第一寺	一般
	李硕勋故居	烈士故居、红色旅游基地、爱国主义教育基地	省级重点文物保护单位	好
	阳翰笙故居	著名文人故居，清代建筑	省级文物保护单位	好
	林湖茶花基地	早白尖茶叶基地		一般
	罗场镇南广河流域崖墓群	少数民族崖墓	省级文物保护单位	一般

表6-2(续)

区县	景区景点	特色	等级	开发保护程度
	胜天红岩山	丹霞地貌	3A 级景区	较好
	可久红岩山	丹霞地貌，有省级文化保护单位半边寺	2A 级景区	较好
	七仙湖	湿地公园、市级风景名胜区	市级风景名胜、省级湿地公园	一般
筠连	凌云关	犀牛村五尺道遗迹	市级和县级文物保护单位	差
	巡司温泉群	有包括犀牛温泉在内的 6 处温泉	川南第一汤	较好
	塘坝古驿茶文化旅游区	古街、古驿道、川云两省交界，苦丁茶叶园区、千鹤之乡、千年银杏、非遗项目“高杆狮子”，民歌《槐花几时开》	苦丁茶之乡	一般
	春风村	喀斯特地貌、云上石漠·春风花海、乡村旅游	全国生态文化村	较好
	高坎梯田	梯田景色	四川 100 个最美景观拍摄点	较好
	古楼峰从	喀斯特地貌、小桂林		
	大雪山旅游区	原始生态王国、世界珙桐之乡	四川省生态自然园区、中国青少年科学探险考察基地	一般
	玉壶公园	城市景观，有登瀛塔、禹王宫等清代建筑	省级文物保护单位	较好

3. 支线

支线主要文化景点如表 6-3 所示。

表 6-3　五尺道宜宾沿线文化资源分布一览表——支线

区县	景区景点	特色	等级	开发保护程度
珙县	龙茶花海	茶花苗圃基地为基础的集产业观光、休闲度假、娱乐健身于一体的新生旅游区	四川省十大最美花卉观赏地、中国最大茶花基地、世界最大的茶花基地	较好

表6-3(续)

区县	景区景点	特色	等级	开发保护程度
珙县	鹿鸣茶海	优质生态茶园，鹿鸣茶为明代贡茶		较好
	僰人悬棺	僰文化遗存，296 具悬棺，川南民居（何家大院、碉楼）	僰人悬棺聚集地，具不可复制性的垄断性	一般
	罗渡苗族乡风情村	多项非物质文化遗产。有国家级非遗“苗族蜡染”、省级非遗“苗族古歌”、市级非遗“苗族手毽”	四川省“蜡染之乡”“中国民间文化艺术之乡”	较好
	王家镇四里坡原始森林	珙桐之乡、古驿站、五尺道，也是珙县面积最大、海拔最高、保护最好的原始森林区	省级自然生态区	较好
	洛表古镇	洛表牌坊、川南民居、僰人悬棺	全国重点文物保护单位（悬棺）、省级文物保护单位（牌坊）	一般
	隘口牌坊	古建筑	全国重点文物保护单位	较差
	王家古镇	与云南省威信县接壤上有明洪武九年（1376 年）川滇双方共同镌刻的“芒珙古界”碑。古街、古建筑、五尺道戏曲“活化石”傩戏		差
	花园村崖墓群	少数民族崖墓		较差

二、五尺道沿线文化资源开发优势

（一）种类齐全，数量丰富

按照《中国旅游资源分类、调查与评价》（GB/T18972-2017）分类方案，五尺道旅游区旅游资源全面涵盖地文景观、水域风光、生物景观、天象与气候景观、遗址与遗迹、建筑与设施、旅游商品、人文活动 8 个大类，31 个亚类中的 30 个（BD 冰雪地除外）和 155 个基本类型中的 143 个。文化旅游资源类型极为丰富。从上述五尺道东西线、支线景区分布表中可以看出，各级古镇、古街类遗址7个（李庄古镇、南广古镇、横江古镇、塘坝古镇、洛表古镇、王家古镇、冠英古街），各等级森林公园7个（翠屏山、真武山、七星山、石城山、白塔山、佛来山、佛现山），茶叶生产观光基地6个（翠屏区川茶集团科技园、高县林湖茶花基地、珙县龙茶花海、珙县鹿鸣茶海、筠连塘坝清溪沟、宜宾县天宫山），省级及以上崖墓群3个，省级及以上宗教宫观5个，省级及以上佛塔3个，省级及以上名人故居4个，还有民间庙会、旅游节、地方风俗与民间礼仪等多项。此外，宜宾市博物院2021年统计，宜宾五尺道沿线区县共有国家级非物质文化遗产4个（翠屏区五粮液酿造工艺、珙县苗族蜡染江安竹簧、大坝高装），省级非物质文化遗产29个，市级非物质文化遗产53个。

（二）特色突出，历史文化底蕴深厚

自从李冰开始，历经“秦开五尺道”“汉修南夷道”“唐开石门道”等历朝历代的修建，五尺道沿线留下许多历史文化遗址，不仅在四川，在云南也有如盐津豆沙关、爨宝子碑、唐袁滋题记摩崖石刻、隋代古城堡、僰人悬棺、清代观音阁、昭通东汉孟孝琚碑、东晋的霍承嗣壁画、清官亭等著名遗址。

（三）地势险要，人为破坏少，自然景观保存较好

五尺道沿线山高谷深，道路险峻。沿线人口稀少，对自然环境的人为破坏相对较少，五尺道沿线保留了许多对旅游者有吸引力的自然景观，如王家镇、横江镇的五尺道遗迹，各地的崖墓群，还有川云交界的大关黄连河瀑布群、昭通大龙洞、壁立千仞的超大型回音壁、大山包黑颈鹤等。

（四）世居民族众多，民族风情浓郁

苗、彝、回三族是宜宾的世居民族，他们大多分布在五尺道沿线所在的县和地区，尤以珙县、筠连居多。不同民族的文化、历史、宗教以及经济特色、生活习俗在这条古道上相互交汇、相互影响。这里有绚丽多彩的民族服饰，有苗、彝、回、汉各族的民族节日，有地方特有的劳作民歌“打鼓草”，以及古朴独特的僰人舞，独具匠心的牛灯艺术，舞步粗犷的宗教傩戏，气壮山河的关河号子，濒临失传的民乐口弦。各族劳动人民共同创造了多样性的民族文化。

三、五尺道沿线文化资源开发劣势

（一）观念不到位，旅游意识不强

虽然资源丰富、底蕴深厚，但是这个地区旅游业总体处于比较落后的状态，其根本原因还是落后的思想观念阻碍和限制了其旅游业的发展。笔者在两个地区的走访过程中，深切感受到虽然这些地区的相关旅游部门负责人近年来对旅游业的认识已有所提高，都制定了市、县级的旅游规划，但不少部门和地区对旅游业的产业定位、政策措施、财政收入和管理职能没有完全跟上规划的步伐，没有把旅游业当作一项经济产业去培育。因此，旅游业作为一项经济产业的形象不鲜明，资金投入不足，各相关产业和部门与旅游业发展的联系合作不够紧密，旅游行政管理部门行业管理乏力。

旅游意识不强的又一个表征就是地方管理部门和当地居民对这一地区的旅游资源的独特优势和潜力认识不足。这些因素导致当地的旅游资源开发建设迟缓，旅游资源开发利用程度低。就目前而言，五尺道沿线文化旅游资源开发量还不到其潜力的一半。笔者在走访调查中，不少外地旅游者对这一地区的景点非常赞赏，但都对景点开发不力、仅仅只限于初级开发表示遗憾。

（二）区县合作不紧密，可进入性差

各区县地方保护主义思想严重。例如，凌云关地处高县、筠连两县，但两县没有联合打造该地，而是分列两块牌子来宣传。区域封锁、行业分割、各自为政，各地缺乏统一规划和管理的现状在一定程度上依然存在。资源配置无效率，总体开发程度不高，行业协调管理水平较低。

交通不便成为制约该地区旅游业发展的主要瓶颈。整个五尺道沿线，除了翠屏区、宜宾县区位优势明显以外，其他三个县深受交通不便的桎梏。一些风光相当优美的地方经济发展却相当落后，尽管已经修建了相当级别的公路：乐宜、内宜、宜水、宜叙、宜泸高速公路，但可通达性仍然较差，从市区到筠连、珙县，开车一般分别都要 3 个小时，如果从县上到川滇边界还要加 2~3 个小时，而且公路等级低，都是省级或县级，特别是由主干道通往腹地县乡的其他公路，路面窄、路况差，有些路段晴通雨阻。区内旅游景区与周边的旅游中转城市也缺少快捷的直达班车，游客进出不便，交通因素制约了景区开发和客源腹地的拓展。另外，川南地区由于区位原因，本身就远离国内沿海地区的

主要旅游客源地，铁路和公路交通网线稀少，机场等级低数量少，吞吐能力有限，旅游业发展受到极大制约。

（三）资金匮乏，旅游产品开发不力

投资需求不足的问题，在这一地区比较突出。很多地区资源开发水平不高，形式单一，档次低下。调研过程中，课题组的感受是最近几年的区县旅游发展工作停滞不前，主要原因就是缺乏资金注入，当地也就缺乏宣传和保护的动力。

另一方面，资金匮乏也不能很好地对旅游资源进行成片开发，造成景区分布过于分散，在开发利用上面难以形成“规模集聚效应。”

（四）在拓展旅游线路、加大旅游促销等方面的合作力度不大

这一地区的整体旅游促销资金不足，尚未形成最佳旅游产品组合。各区县都制定了本地的旅游发展规划，但都未落到实处。另外，地区的宣传合作力度不够，宣传的总体形象不够鲜明、生动，对游客来说缺乏出游煽动性，各种宣传口号未能突出其能激发大众来此地区旅游的理念和着力点。在国际国内旅游业突飞猛进的今天，四川已经落后于云南。一些有代表性的两省共有景点在海内外旅游市场已形成了较强的吸引力，如地处川滇交界的大雪山，在云南境内是国家级森林公园，而在四川境内没有任何等级，这与泸沽湖、香格里拉的情况类似。

其余景区景点大多默默无闻，更别说景点等级了。各景区基本上属于等客上门或由临近县市送客上门的守株待兔式的经营方式，课题组在实地考察时在景区只看见了简单的通道旅游图，甚至连旅游线路的介绍都不够详细，无法满足目前大量散客的需求。

（五）景点等级低，文化遗址破坏严重，拳头旅游产品匮乏

作为重要的南方丝绸之路东线，五尺道的重要作用毋庸置疑。但景点等级低，拳头旅游产品匮乏。截至 2021 年 1 月底，课题组对南方丝绸之路四川境内东西线 3A 级以上景区做了初步调查，统计如表 6-4、表 6-5 所示。

表 6-4 南方丝绸之路西线（四川境内）3A 以上景区列表

南方丝绸之路西线（四川境内）3A 以上景区列表			
地区	5A 级	4A 级	3A 级
成都市区	青城山—都江堰（1）	大邑刘氏庄园、三圣花乡、武侯祠、杜甫草堂、大熊猫繁育基地、洛带古镇、黄龙溪古镇、宝光桂湖、建川博物馆聚落、三星堆博物馆、金沙遗址、国色天香一期、欢乐谷、街子古镇、西岭雪山、花水湾温泉度假区、花舞人间、海昌极地海洋世界、虹口风景区、桃花故里景区、农科村景区、新场古镇、非遗博览园、东郊记忆、望丛祠、三道堰景区、五凤溪旅游景区、宝山旅游区、白鹿音乐小镇、石象湖景区、元通古镇、海滨城景区、锦门丝绸商贸旅游小镇、灌县古城景区、浓园艺术博览园、成佳茶乡景区、幸福田园、三道堰青杠树景区、斑竹林、丹景山景区、天府花溪谷、新都花香果居旅游景区、蔚然花海、麓湖水城、战旗村景区、竹艺村景区（45）	樱桃山景区、客家杏花村、成都川菜博物馆、国际标榜旅游区、罨画池博物馆、休闲美食文化园、中国·川菜体验园旅游景区、中华蝴蝶生态城、东来桃源旅游景区、西南航空文化旅游景区、新繁东湖景区、大悦城、转龙鲜花山谷、好稼人有机农庄、南湖梦幻岛主题公园、金盆地酒文化博览园、玉皇养生谷旅游景区、寿安编艺花园、黑虎农庄庄园、泉映梨花景区、升庵故里文化小镇、御翠草堂、白头慢享田园小镇、佛罗伦萨小镇景区、红仓·完美文创产业园（25）
邛崃		平乐古镇、天台山国家森林公园、中国酒村——邛酒文化风情旅游村落旅游景区（3）	伊利乳业园、竹溪湖景区、邛崃茶兰景区（3）
雅安	碧峰峡（1）	上里古镇、金凤山、周公山、蒙顶山、月亮湖、牛碾坪万亩观光茶园、二郎山·喇叭河景区、龙门古镇旅游景区、飞仙关、汉姜古城、东拉山、大川河、熊猫古城、跷碛藏寨·神木垒、峰桶寨邓池沟、灵关古城、空石林、云峰山、安顺场（18）	中里新村、藏茶世界景区、龙滩子景区、红草坪景区、紫石关、石棉县蟹螺堡子景区、蒙顶酒庄景区、七里坝、三索窝、蟹螺堡子、广元堡川矿记忆（7）

表6-4(续)

南方丝绸之路西线（四川境内）3A 以上景区列表			
地区	5A 级	4A 级	3A 级
荥经		龙苍沟叠翠溪国家森林公园、云峰山（2）	严道古城景区（1）
汉源		花海果乡（1）	月亮湾·金钟山景区（1）
西昌		西昌邛海泸山、冕宁灵山、普格螺髻山、盐源泸沽湖、安哈彝寨仙人洞、宁南金钟山、宁南凯地里拉温泉旅游景区、冕宁彝海景区、会东老君峰旅游景区、茅坡樱红旅游景区、雷波马湖风景区（11）	西昌卫星发射中心爱国主义教育基地、冕宁漫水湾镇西河村、冕宁复兴镇建设村、知识青年上山下乡西昌纪念馆、西昌黄联土林旅游区、建昌古城、大凉山民族文化创意产业园、冕宁县红色文化草地公园景区、西昌龙泉人家-书夫彝寨旅游区、西昌红莓人家、会东野租泉民俗生态度假区、西乡乡凤凰葡园景区、会东姜州花湖景区、西昌百花深沟景区、雷波菁口苗寨景区、冕宁县两湖景区、会东县龙凤山景区（17）
越西		文昌故里景区（1）	天皇寺景区、保安乡尔苏藏寨景区（2）
会理		会理古城、会理会议纪念地（2）	精华水上乐园、绿陶文化产业园、现代农业科技园（3）
德昌			傈僳水寨、螺髻阳光度假村、石房子景区（3）
攀枝花		二滩国家森林公园、攀西大裂谷格萨拉生态旅游区、米易县颛顼龙洞景区（3）	攀枝花公园旅游区、米易县傈僳梯田景区、米易县枇杷生态园景区、仁和区莲香布德景区、仁和区迤沙拉历史文化景区（5）

表 6-5　南方丝绸之路东线（四川境内）3A 以上景区列表

南方丝绸之路东线（四川境内）3A 以上景区列表			
地区	5A 级	4A 级	3A 级
眉山		三苏祠、洪雅瓦屋山、黑龙滩、柳江古镇、江湾神木园、青神县竹艺城、中国泡菜城、仁寿城市湿地公园（8）	寿星谷景区、桂花湖景区、眉山樱花博览园、蒙牛乳制品（眉山）工业旅游景区、国瑞皓峰景区、响水六坊景区、裸伊谷景区、幺麻子藤椒文化旅游景区、老峨山景区、丹棱·桃花源、大雅文化旅游景区、汉阳湖景区、中岩景区（16）
乐山	乐山大佛景区、峨眉山风景名胜区（2）	夹江天福茶园、乌木文化博览苑、峨眉山大佛禅院佛教文化旅游区、沙湾郭沫若故居、犍为县嘉阳·桫椤湖、沐川桃源山居、黑竹沟景区、东方佛都旅游景区、旅博天地景区、犍为罗城古镇、农夫山泉峨眉山工业旅游区、大渡河金口大峡谷景区、夹江县东风堰—千佛岩景区（13）	金鹰山庄、沐川竹海景区、犍为文庙 、雷畅故居景区、天工开物文化旅游景区、大千纸故里研学园、沙湾区沫若戏剧小镇、沐川醉氧天街旅游景区、中国根书艺术馆、世界茉莉博览园（10）
宜宾		蜀南竹海、蜀南花海、兴文石海、李庄古镇、夕佳山民居、流杯池公园、南溪古街、七洞沟、五粮液景区、西部竹石林、胜天红岩山、横江古镇、僰王山、龙茶花海、石菊古地景区、兴文县僰人巨石阵、高县大雁岭、长宁佛来山（18）	天池公园、龙华八仙山立佛、凤垚香谷水世界、思坡常生·山水印象、幸福公社、藕花洲景区、茶园牧歌、锦屏山景区、龙蟠溪、鹿鸣茶海、余泽鸿故居、月亮湾、清溪沟、橘香小镇、金兰花谷、世界樟海·长滩樟林景区、红岩柿子部落、竹海酒庄、苦竹·天泉、太安石林、四季果园、文武荷田、九子山、石板溪娃娃鱼生态园、春风里、幸福·胡坝景区、翠屏山景区、金秋湖茶博园景区、赵一曼故居景区（37）

注：为便于直观比较，南丝路上的邛崃和眉山 3A 以上景区从成都市单列出来，荥经、汉源 3A 以上景区从雅安市单列出来，越西、德昌、会理 3A 以上景区从凉山州单列出来，西昌的 3A 以上景区实质指凉山州的 3A 以上景区，犍为的 3A 以上景区从乐山单列出来，其数据截至 2021 年 2 月。

由表 6-4、表 6-5 可以看出，如果都不包括起点城市成都市区，南方丝绸之路西线有国家 4A 级景区 41 个，其中邛崃 3 个，雅安 21 个（含荥经、汉源），凉山州 14 个，攀枝花 3 个；3A 级景区 42 个。东线有国家 5A 级景区 2 个，4A 级景区 39 个，3A 级景区 63 个，其中宜宾有 4A 级 18 个，3A 级 37 个，占了东线的大部分 3A 以上景区的份额。西线 4A 级景区是东线的两倍多。

当然，我们也应看到五尺道作为南方丝绸之路的一部分，在客观上其存在不容忽略的劣势。首先，南方丝绸之路西线在四川境内线路很长，比东线几乎长了一倍。这让大部分学者专家把研究的视线投向了西线。其次，沿线景点等级偏低，南方丝绸之路西线仅雅安一地就有 4A 景区 18 个，比宜宾在内的西线的总数还多。沿线景点随五尺道的分散而散落民间，旅游资源规模普遍不大，旅游资源等级大多不高，一般情况下，人们对五尺道的相关旅游景区一无所知。

再次，相关部门未能进行整体性的保护与开发规划。五尺道沿线的相当部分文化遗址坐落于偏僻、落后的乡村，地方政府盲目发展经济，而忽视了对古建筑、古文化的保护与传承。例如，区位优势较突出的南广古镇，因为地处城市风貌控制区，大溪口城市快速通道沿江而建，也正因为如此，为了经济快速发展，紧挨江边的顺江街、南江街古居、古遗址保护较差，南江街的独具川南穿斗建筑风格的盐关行已被完全破坏，垃圾满地，成了当地建筑工地的杂物堆放处。刘祖芳民居的门板已被周围居民拆得七零八落。古镇整体古建筑风貌很差。目前仅存的 7 处市级优秀历史建筑，其保护情况也不容乐观。其余亟待保护的遗址名录如表 6-6 所示。

图 6-1 至图 6-3 为部分旧址。

图 6-1　南江街破旧的盐关行旧址（一）

图 6-2　南江街破旧的盐关行旧址（二）

图 6-3　破败的清代刘祖芳民居（摄于 2017 年 5 月）

表 6-6　五尺道沿线亟待保护的古遗址、古建筑、古墓葬名录

序号	遗址名称	所属区县	保护等级	遗址地点	现状
1	冠英古街	翠屏区		城区东部，合江门	晚清民国古街，余 14 座老宅院，有刘文彩居住过的刘家大院，保存较好
2	南广老桥	翠屏区	市级	南广老镇，连接坪和村和宜广路	亟待修缮
3	上、下王爷庙	翠屏区		南广上洞、南广下洞	无遗存
4	廻澜硖石刻	翠屏区	区级	南广鱼跃亭	仅存石刻

表6-6(续)

序号	遗址名称	所属区县	保护等级	遗址地点	现状
5	武侯歇马石	翠屏区	市级	南广小河北	无保护措施
6	南广榨子母码头	翠屏区	市级	陈塘关社区	仅存石刻，环境荒芜
7	南广搬运站旧址	翠屏区		南广顺江街	古迹仅存几块青条石，现存建筑为20世纪50年代建造
8	兴隆街五尺道	翠屏区		兴隆街	长208米，驿道保存完好，周围建筑多为新建
9	顺江街、南江街古建筑（刘祖芳民居、马姓民居、周家院、尚家院）	翠屏区	市级	顺江街、南江街	南江街古建筑多为明末清初，顺江街建筑为明朝甚至更早所建，因大溪口高架桥修建，多被拆除，损毁严重
10	石龙寺	翠屏区		石龙埂山上	遗存三四块清代碑刻和一块人面石刻，寺庙已毁，成农民菜地，无保护措施
11	七星山黑塔	翠屏区	省级	赵场七星村	明代，七级阁楼式砖塔，保护较好
12	赵场薛家桥牌坊	翠屏区	区级	赵场	薛郭氏坟坊和赵太夫人坊，无保护措施
13	赵月古道	翠屏区		赵场梨子村	清代，无保护措施
14	驮马古道	翠屏区		赵场牛洗村	清代，无保护措施
15	回龙寺	高县	省级	庆符镇黄桷村	建于明代，石木结构悬山式，仅存正殿
16	石门石刻	高县	县级	庆符镇丛木村	清代石刻及石窟寺，保护不力
17	罗场禹王宫	高县	县级	罗场镇	清代建筑，保护不力
18	大窝文昌宫	高县	省级	大窝镇川洞村	清代，二进四合院式会馆建筑，保护不力
19	南广河流域崖墓群及石刻	高县	国家级	罗场镇、可久镇、嘉乐镇	古墓葬、无保护措施
20	凌云关	高县、筠连县	省级	蕉村镇与筠连县筠连镇交界	明代古建筑、驿站、无保护措施
21	矮藤岩修路碑	宜宾县	市级	横江镇五宝村	石刻及石窟寺，无保护
22	凉亭子修路碑	宜宾县	市级	横江镇五宝村	石刻及石窟寺，无保护

表6-6（续）

序号	遗址名称	所属区县	保护等级	遗址地点	现状
23	北斗岩修路碑	宜宾县	市级	横江镇北斗村	石刻及石窟寺，无保护
24	石城山崖墓群	宜宾县	国家级	双龙镇、横江镇、复龙镇	古墓葬、无保护措施
25	石城山古栈道遗址	宜宾县	县级	横江镇石城村	明代，保护不力
26	横江古镇（明清建筑）	宜宾县	县级	横江镇	明清古建筑（炳昌祥商号、杨家大院、周家大院）、古寺庙（雨师庙）、正在规划保护中
27	横江古镇（近代建筑）	宜宾县	省级	横江镇正义社区、民主社区	民国时期建造，肖公馆、朱家民居
28	平寨王爷庙	筠连县	县级	腾达镇平寨社区	清代，题刻“南川巨镇”，
29	隐豹关（卡子）	筠连县	县级	巡司镇巡司村	明代，古收税关卡，无保护
30	凌云关（御风亭）	筠连县	省级	筠连镇犀牛村	清代，古关口，收税关卡，无保护
31	筠连—巡司段古道	筠连县	省级	筠连镇柏杨村至巡司镇巡司村	明代，古进出筠连和云南必经官道
32	川丰村驮马古道	筠连县		塘坝乡川丰村	清代，是叙昆驮马古道的一段，路基基本完好
33	中华村五尺道	筠连县		武德乡中华村	明代，川滇商贸古道中的一小段，石板路多损毁，旧貌不存
34	塘坝古镇	筠连县		塘坝乡川丰村	川滇交界古街，有川云界桥，税收关卡遗址、川丰村桥头遗址不复存在，有清代建筑白子岩民居、大曹民居等
35	金钟寨子遗址	筠连县		真舟镇金钟村	清代，防御性碉堡寨子，保护不力
36	沐爱县衙署	筠连县	省级	沐爱镇荷花社区	民国建筑，县衙，大门和围墙不在，木质结构虫蛀，保护不力
37	万寿桥（二十二孔桥）	筠连县	市级	筠连镇中城社区	明代古建筑，定水河上石板桥，保护不力

表6-6(续)

序号	遗址名称	所属区县	保护等级	遗址地点	现状
38	僰人悬棺	珙县	国家级	洛表镇、曹营镇	宋至清朝少数民族墓葬，损毁严重
39	隘口牌坊	珙县	国家级	玉和镇苗族乡隘口村	清代古牌坊，无保护
40	僰人石寨古堡	珙县	省级	罗渡苗族乡天堂村	宋至明的少数民族建筑，无保护
41	北京寺	珙县	省级	孝儿镇波浪村	明清建筑，无保护，损毁严重
42	洛表街头牌坊	珙县	县级	洛表镇南园社区	清代古牌坊，五楼庑殿顶，无保护
43	石碑恐龙化石群	珙县	市级	石碑乡红沙村	侏罗纪时期恐龙化石，距今1.99亿年
44	沐滩乡汉代崖墓群	珙县	县级	沐滩镇新民村	保护不力
45	王家古镇	珙县		王家乡	五尺道保存较好，古街建筑多为民国时期所造，改造较大，旧貌不再

（注：此线路涉及的区县遗址名录系全国第三次文物普查成果，公开发布需遵循《中华人民共和国保密法》的相关规定）

五尺道沿线古建筑、古遗址、古道归纳了45个，横江古镇和南广古镇的古建筑应为都是同一保护级别，就没有分别统计，另还有部分未有等级的古遗址未纳入。由遗址目前的情况，我们可以看出修缮工作刻不容缓，必须马上进行。

四、宜宾五尺道旅游开发

古道旅游主要是挖掘古道文化内涵。五尺道作为南方丝绸之路的一部分，和万里长城一样古老，为了传承千年的驿站文化，打造非物质文化名片，2012年2月，宜宾市政府隆重启动了“五尺道”文化线路申报中国世界文化遗产的准备工作，这对五尺道进行保护开发，打造川滇黄金旅游线上的新景点，吸引更多的游人前来旅游观光，对促进当地的经济和社会发展有重要意义。

（一）五尺道旅游开发的优势基础

宜宾市在区位、交通、自然资源等方面优势明显，在经济社会建设和产业、园区发展等方面成就突出。

区位优势明显。宜宾市地处川、滇、黔三省接合部，是南丝绸之路的起点，是长江经济带和丝绸之路经济带的交汇点。宜宾市长江经济带是宜宾市的核心区域，沿江区域东接泸州，西连乐山、凉山，南壤云南昭通，北邻自贡，是国家“十纵十横”交通规划中南北干线与长江东西轴线的交汇点，是攀西—六盘水地区出入长江“黄金水道”、成渝经济区连接南贵昆走向东南亚的重要门户，是川滇黔接合部连接东西、沟通南北的综合交通枢纽和战略要地，以宜宾为通道枢纽，可直接辐射吸纳川滇黔渝 3 省 8 市 3 700 万人。

交通优势逐渐凸显。宜宾是以四川省内水、陆、空综合立体交通网络著称的川南交通枢纽城市，拥有众多铁路线路。包括：①内昆铁路（已建成，北接成渝铁路、南接贵昆铁路）；②宜珙铁路；③金筠铁路（地方铁路）；④成贵高速铁路（2019 年建成）；⑤渝昆高速铁路；⑥绵遂内宜铁路；⑦宜西铁路；⑧宜遵铁路。高速公路有：①内宜高速公路（北接成渝高速）；②宜水高速公路（宜宾—水富）；③乐宜高速公路（乐山—宜宾）；④宜泸高速公路（宜宾—泸州），⑤宜叙高速公路（宜宾—叙永）。

宜宾是国家在川滇黔渝区域规划的唯一地级市铁路枢纽城市，是 63 个全国性综合交通枢纽、50 个全国铁路枢纽、66 个全国区域级流通节点城市之一，宜宾港是《国务院关于依托黄金水道推动长江经济带发展的指导意见》中确定的十大加快建设港口之一，已具备构建公铁水空立体交通枢纽优势。从公路看，建成和在建高速公路有成宜、乐宜、宜叙、宜昭、宜攀等“一绕九射”12 条，实现与成都和周边省市的快速连接。特别是新建成都至宜宾高速仅 157 千米，比目前最短路线成自高速至宜宾里程（约 240 千米）少 83 千米。从铁路看，宜宾有成贵、蓉昆、渝昆、兰广、内昆、宜珙等“四高、七普”铁路交会，这些铁路向南通过内昆铁路连接南昆铁路和成渝铁路，构建我省成都经宜宾至广西钦州港路径最短的南向出海通道，向东连接沿江铁路，向西连接宜西铁路，进而构建成都经宜宾、西昌、瑞丽至缅甸皎漂港的南向通道。从水运看，宜宾港作为长江首港，宜宾港依托长江、金沙江两条水运主通道，建设以志诚综合作业区为中心，以豆坝、小岸坝、安阜、罗龙、阳春坝 5 个重大型专用码头为支撑，以 20 余个区域性客货码头为补充的内河枢纽港体系。集装箱年通过能力可达 110 万标箱，重件 33.8 万吨，散货 588 万吨。宜宾港进港铁路已开工建设，预计将在2021年建成，建成后可实现南向通道与长江黄金水道的无缝对接。从航空看，宜宾至北上广深等国内主要机场的航班已开通，4C级新机场2019年12月已经转场运营，下一步宜宾将申建空港口岸，开通国际航线，构建通往全球的空中走廊。

自然资源优势突出。宜宾市岸线资源优势明显，拥有三江岸线约493千米，其中沿江经济带拥有三江航道293千米，建港条件好；宜宾市生物种类多样，拥有"蜀南竹海"等人文和自然景观，自然风光秀美，人文气息浓厚，被评为国家历史文化名城；沿江经济带及周边地区拥有丰富的页岩气、天然气、煤炭、岩盐矿等矿产资源。

当前，为深入贯彻落实国家"一带一路"倡议，推进全方位对外开放体系建设，宜宾迫切需要重振南方丝绸之路的历史辉煌。

（二）五尺道旅游开发的指导思想

新时代催生新思想，新理论引领新实践。2018年2月习近平总书记来川讲话，要求紧扣四川实际，鲜明提出推动治蜀兴川再上新台阶的总体要求和"五个着力"的重要部署（抓好十九大精神的贯彻落实、推动经济高质量发展、实施乡村振兴战略、保障和改善民生、打好精准脱贫攻坚战）。党的十九大报告明确提出贯彻新发展理念，建设现代化经济体系。报告提出加快发展现代服务业，旅游业是现代服务业的重要组成部分，把旅游业融入经济发展全局，深化供给侧结构改革，推进旅游向全景全业全时全民的全域旅游转变。五尺道旅游开发需要在政策指引下秉承"四度"开发的指导思想。

1. 高度——世界文化线路遗产的高度

在联合国世界遗产体系中，文化线路遗产是新趋势，与单体的自然遗产和文化遗产相比，线路遗产更能完整地表现人们的动态迁移，社会、经济和文化持续不断的交流，拥有更丰富的文化内涵。文化线路遗产可以串联起若干点，在空间上扩大遗产的范围。目前在世界遗产的名录上，有阿曼的乳香之路、以色列的香料之路、日本纪伊的朝圣之路、西班牙和法国的德孔波特拉朝圣道、法国南运河、印度的大吉岭铁路等，而拥有世界上最丰富的10条历史文化线路（蜀道、丝绸之路、海上丝绸之路、西南丝绸之路、北京中轴线、大运河、茶马古道、川盐古道、武当神道、万里茶道）的中国，至今只有大运河一项进入世界文化线路遗产，不能不说，是一个遗憾。五尺道要做好申遗工作，必须树立好自身独立的文化形象。因为世界遗产保护理论认为，世界遗产体现着"一个国家（地区）的意识形态渊源"，要打造五尺道文化旅游首先要唤起外界对五尺道文化遗产的认可。

2. 丰度——风景廊道的景观丰度

风景道是一种路旁或视阈之内，拥有审美风景的、自然的、文化的、历史的、考古的和增进游憩价值的景观道路，是交通价值、景观价值、游憩价值、文化价值、自然价值等多重价值的融合。此概念是1930年美国在修建蓝岭风景道时首次正式提出的，目前美国已建设了80多条国家风景小道（national scenic byway）和泛美风景道（all american road），风景道在道路规划、景观设计、保护历史遗迹和优美的自然风景、带动地方经济发展等方面发挥着非常重要的作用。依托主题文化廊道串联全域旅游体验是成功的国际全域旅游发展模式。例如，意大利托斯卡纳大区构建以佛罗伦萨、锡耶纳和比萨为核心节点的文化旅游廊道，打造文艺复兴、中世纪宗教、佛罗伦萨与锡耶纳双城文化碰撞等系列主题游线等。五尺道沿线自然、人文、历史资源类型复杂多样、层次结构与地域组合优越，具有很高的观赏价值和科研价值，发展风景廊道大有可为。

3. 力度——旅游线路的品牌力度

以奥索卡为代表的旅游小径，是在20世纪70年代大量志愿者创建、体验并精心维护而形成的。旅游小径被称作“手工完成的小径”，数以百万计的美国游客因旅游小径踏上旅途，享受旅游和亲身打造的快乐，每年更有深入人心的节日——“小径日”。更为难能可贵的是，由这条旅游小径而衍生出了服装、背包、帐篷等系列“奥索卡”世界品牌。从荒野小径到饮誉世界，奥索卡仅仅用了20余年，然而，我们的跨国南丝绸之路，行走了2 000年，还没有形成自己的品牌，更没有衍生出其他产业的支撑。我们不以为然的南方丝绸之路上的关口、拐榷孔、马蹄印，以及衍生出来的古镇、古街都在被我们以经济发展为由忽视、损坏，甚至是使其逐渐消失，更别说品牌打造了。

4. 乐度——全程愉悦的乐度

现代化的交通和旅行社的信息让旅游成了直奔目的地的活动，沿途的体验被忽略淡化。大部分游客已经习惯于高速公路的奔驰而过或者旅游大巴的匆匆一瞥，就算是自驾旅行，除了加油站和厕所，旅途中的其他风景很难让人驻足停留，这样造成了旅游目的地沿线的美好风景被遮蔽，古道被荒废，古镇因为现代化道路更便捷而被游人遗忘，而这也背离了游人“旅游是寻求快乐”的原始初衷。

五尺道在内的南方丝绸之路应着力于愉快的古道旅游开发，让枯燥的、冗长的旅行路途变得有级别（高度）、有内涵（丰度）、有品位（力度），旅游复苏古道文化，古道文化繁荣旅游，文旅融合，这也是保持旅游产品的生命长盛不衰的重要内在。

（三）五尺道旅游开发的思路

未来西南地区将形成成都、重庆、昆明三角为中心的旅游大都市，根据“点—轴理论”，南丝路地区可以依托这些城市点，发展区域旅游合作线。以市场为纽带，以发展为契机，以政府为龙头，以企业为支撑，带动区域旅游合作的不断发展，构建“通道+自然+品牌”的旅游目的地形象。以旅游中心城市和国家级景区景点为依托，将点式开发和点轴式开发相结合，农业经济与旅游开发相结合，强调区域联运和资源共享，走精品路线。在自然风光游的基础上大力开展生态旅游，在保护文化多样性的类型上大力发展民俗风情游，在有效保护的基础上发展历史文化游。为此，地方可以呼吁国家依托古代南方丝绸之路，建设一条纵贯西安—成都—昆明直至东南亚、南亚的南方丝绸之路经济大走廊，将其建设成为我国对外开放的大走廊，从而把“丝绸之路经济带”和21世纪“海上丝绸之路”有机连接起来，将国内发展与对外开放有机对接起来，构筑起内外联通、海陆并进的全方位开放体系。

（四）五尺道旅游开发形象定位及目标

五尺道具有重要的历史价值和地位，是历史文化的载体，为古蜀国和南诏国的经济和文化的交流做出了突出贡献，并且形成珍贵的历史遗存；与其他文化元素相比，古道最具时空的开放性，于“古”，它是一条交通要道，是交通之路、经济之路；于“今”，它是一条文化之路、旅游之路，其承载了川滇黔厚重而又洒脱的商贾文化，从而其形象定位可以是：五尺古道、商行天下，目标是将其打造成为“中国南方丝绸之路文化核心旅游区”。

（五）五尺道旅游开发策略

1. 文化内涵与徒步旅游结合

一方面，文化内涵是五尺道的灵魂核心和精神内涵，在其旅游开发过程中，应深度挖掘，把五尺道作为展示文化的抓手；另一方面，古道上自发产生的徒步旅游者是目前不可忽视的一个客源群体，是将来旅游发展的趋势之一，徒步旅游必然成为古道将来旅游发展的重要形式。

2. 线与面结合

五尺道是线状旅游带，但旅游空间是多维的立体空间，因此其旅游开发应该依据点—轴理论，采用点、线、面三者结合的方式，在串联整条五尺古道文化旅游带的同时，在合适的地方或区域进行面状开发，深度挖掘和丰富五尺道文化内涵。

3. 文化与产业结合

古道文化线路本身就是一块绝佳的旅游品牌，旅游线路开发要重视品牌力度，发挥其品牌效应，不仅可以促进当地旅游业的发展，而且可以带动沿线城镇经济向前发展。古道文化线路的内核是文化，文化的性质决定了其无形性，要让这种无形性得到具体形象的诠释和发展，就应当把文化当作产业来做，让文化与产业相结合，不但要将昔日的遗迹视为遗产，加以珍视，而且要对现存的典型的文化遗址遗迹加以保护，使文化资源产业化，通过显形的物化的方式使文化得以保护和弘扬。

4. 现代科技与传统方式结合

深化供给侧供给结构性改革需要推动互联网、大数据、人工智能和实体经济的深度融合。艾瑞咨询发布的《2018 年中国在线旅游度假行业研究报告》显示，2017 年中国在线旅游度假市场规模达 7 384. 1 亿元，较 2016 年增长 25. 1%，而《2019 年中国在线旅游度假市场研究报告》显示，2018 年中国在线旅游市场交易规模为 15 122. 4 亿元，较 2017 年增长了 29. 0%。2019 年年末到 2020 年，全球因为疫情，旅游停滞，其数据不作为参考依据。市场前景广大。艾瑞咨询分析，随着在线旅游市场用户流量稳定地增长，在线渗透率的提升将会逐年缩小幅度。但由于下沉市场用户基数较大，旅游产品的平均客单价格较一般电商产品高，因此目前大部分低线级城市游客更倾向于通过线下渠道如线下旅行社等来购买旅游产品，中国在线旅游市场仍有较大的增长空间。

“互联网+”时代的到来倒逼旅游行业转型升级，旅游平台通过用户的交互信息，进行数据分析，从购买需求、产品体验、反馈分享等多方面影响客户，为旅游提供智能服务。“互联网+旅游”也让游客的决策模式发生了巨大的改变。他们更多地通过网络来辅助自己做出更合理的决策。五尺道旅游发展在遵从传统历史文化的基础上，必须引入“互联网+”。对当地规模小的旅游企业的发展来说，互联网的助力作用不言而喻。当地应从基础网络建设和旅游数据共享做起，建设旅游产业服务平台，发布公共服务信息。另外，相关部门和地方企业还要改变营销方式，开展微博、微信自媒体营销，开展线上营销的活动，推进“互联网+电子商务”工作的建设，健全旅游公共信息服务的队伍。

（六）五尺道旅游开发建议

根据前面分析得出的五尺道沿线旅游资源、文化遗产遗址及非物质文化遗产数量，结合旅游开发指导思想和方针，我们可以看出五尺道旅游发展大有文章可做。五尺道所在地区应该按照习主席来川讲话精神实施区域协调发展，夯实实体经济，强化创新驱动，实施生态文明建设。围绕着打造川滇古道旅游线、红色旅游线和金沙江高峡平湖旅游线来谋划其旅游发展，按照“245”的格局，构建五尺道沿线的两个旅游集散中心、四大特色旅游线路和五大精品景区。

1. 核心-边缘理论

依据核心-边缘理论，旅游资源丰富且品味高的区域应发展为旅游核心区，核心区的资金、技术、人才存在边际效用递减规律，逐渐向外围扩散，并产生次级核心。结合本地区旅游交通条件及城市发展程度，可以确定昭通市和宜宾市为该地区的两大旅游集散中心。众多交通线路经过两市，且两市是两省接壤地区，往北可连接自贡、乐山、成都，往东南可往贵州，往东可联系重庆，往南可往昆明。两个城市充当着这一地区旅游大本营和中转站的角色。

2. 点-轴理论

秉承党的十九大报告精神，贯彻创新、协调、绿色、开放、共享的发展理念，结合目标客源市场需求，组合出都市旅游、生态旅游、休闲度假旅游、南方丝绸之路文化科考旅游四大特色旅游线路。

都市旅游线路主要依托五尺道沿线的国家级历史文化名城宜宾和省级历史文化名城昭通所辖旅游景区。两个城市历史底蕴厚重，而且都在大江边上，拥有万里长江第一港（水富）、万里长江第一镇（李庄）、万里长江第一城（宜宾）和游人可到达的珠江源头。以两个集散中心为基地，串联其周边已开发的旅游热点景区，构筑与这一地区相联系的旅游线路，利用航空、水运、铁路等潜在优势，进一步扩展省际旅游线和国际旅游线。

生态旅游是一种具有强烈环境意识和科学含量高、文化内涵高的高品位旅游活动。它是以环境保护为前提，以人和自然和谐统一为目的的一种可持续发展的旅游活动。宜宾是工业重镇，污染较大，但近十来年通过政府和旅游部门的整治，污染问题已有明显改善。相关部门应进一步增强环境保护意识，加大生态环保力度，实现旅游的可持续发展。联合开发五尺道生态旅游线路，以“（古）道—（森）林—（大）江”为旅游新干线，加入沿途的自然风光景点，成为支线旅游景点。

休闲度假旅游除了包含短期观光、猎奇、健身等旅游活动而外，还包含了休养、疗养、保健、避暑、婚旅等较长时间的旅游内容。当地可以以生态旅游线路为基础，发展花海、温泉、民居、茶叶基地等休闲度假旅游景点，整合为休闲度假旅游线路。

文化科考旅游是一种专业性较强、高品位、高层次的旅游活动。可以以“丝绸古道、精彩川滇”为五尺道文化科考旅游形象推广口号。而且这一地区可提供文化科考的旅游地较多。有宜宾长宁双河地学大剖面、兴文石海洞乡、大坝大鲵、僰人悬棺（珙县、盐津）文化、石碑恐龙、川盐古生产场地等。宜宾李庄古镇、屏山龙华古镇、珙县王家古镇、筠连巡司古镇、自贡荣县大佛、自贡西秦会馆、宜宾滇南馆等文化古镇、古馆等都很有科学价值，这些都可以建成和开辟为中小学生、大学生和学者科考的旅游专线，可以为五尺道沿线的古镇、古道、古码头起到宣传、保护的作用。

3. 打造五大精品旅游区

依据特色优品战略，结合本地区旅游资源的互补性及分布格局，重点打造峡谷平湖旅游区、僰苗文化旅游区、茶文化休闲旅游区、滇蜀古道文化走廊旅游区和大雪山森林探险旅游区五大精品旅游区。

其中峡谷平湖旅游区以宜宾县横江镇和云南水富向家坝水电站为支撑。充分利用库区内优美的水体资源和生态环境，整合客家文化、治边文化、江河文化、民族风情等人文资源，以其世界级的规模、出众的自然风光景观以及丰富的水上运动项目形成独特的客源号召力，打造国家级休闲度假旅游地目标，使其成为滇蜀地区、周边城市居民以及外来旅游者的一处旅游新景点。

僰苗文化旅游区由高县、珙县两地的悬棺遗址为支撑，珙县、筠连和兴文县的少数民族风俗为载体。僰人是中国古代的一支少数民族，明朝万历年间被明王朝剿灭。此外，昭通市的盐津也有僰人悬棺遗址。宜宾兴文九丝城是僰人的都城，也是僰人最后消亡的地方，而且兴文是四川省最大的苗族聚居县，有苗族同胞 4 万人，民风民俗独成一格，苗族风情十分浓郁。因此，兴文县可以开发建设以僰苗文化为主的僰苗文化风情园。

茶文化休闲旅游区由翠屏区川茶科技园、明威乡现代茶叶种植基地、高县林湖茶海、珙县永兴和石碑乡茶叶基地、筠连巡司八一茶山和银星茶园等茶叶基地组成。旅游区串联各区县茶叶企业，将“鹿鸣”古贡茶的光辉历史发扬光大，融快乐旅游于采茶制茶的文化体验中，寓扶贫建设与乡村旅游中，农旅结合，规范乡村茶区，实现产业发展、品牌提升、新村建设、增收致富的多头并举。

滇蜀古道文化走廊旅游区以五尺道为纽带，整合沿线资源，以提高宜宾—昭通公路等级为前提，串联已开发景区景点，如秦五尺道马蹄印近观、唐袁滋题记摩崖细读、朱提书画展览、古道古街漫步、古建古镇品茗就餐、石门雄关险隘瞩目等。这些景区景点将中原文化、巴蜀文化、朱提文化、爨文化等巧妙联系起来，地方可以通过保护、维修现存的部分古建筑，进一步打造整体旅游产品，提倡自驾车旅游，以强调走廊的神秘感和历史感，树立“滇蜀古道文化走廊”新形象。

大雪山森林探险旅游区以位于昭通市威信县、彝良县以及四川宜宾珙县、筠连县四县交接处大雪山原始森林、连带珙县四里坡原始森林为重点的雪山景区。大雪山属乌蒙山北支余脉，曾为红军川滇黔边游击纵队主要活动基地。山上原始森林占地面积大、范围广，地跨川滇两省，内有大量的国家一、二级珍稀保护动植物，原始生态系统保持较为完好，并因其苍山翠岭、奇石小溪、飞瀑流泉、名贵花树、珍禽异兽、惊险神秘等特点而具有较高的观赏价值。按照保护其现状原始森林景观、保护珍稀动植物资源的开发原则，景区主要以建设小规模的休闲疗养设施及原始野趣的游览区为主，开辟一些珍稀野生动物观赏区，开展一些诸如野外生存比赛、国际定向比赛、越野挑战比赛等互动性旅游活动。

南方丝绸之路
——五尺道重点项目的旅游开发

一、南广古镇整体开发

南广古镇地处宜宾市南7千米处，旧名陈塘关，地处僰道，北依黄金水道长江，南广河从北向南横贯整个南广镇，水运便利。古镇沿长江和南广河依势而建。南广古镇自古为西南边陲各少数民族通往巴蜀的咽喉之地。从宋朝开始，南广古镇就是我国“南丝绸之路”上一个重要的水运码头。曾经的南广，商贾云集、舟楫如林，繁忙热闹，来往于滇黔的马帮都将这里作为一个重要的歇脚站。随着历史的发展，公路运输渐成主流，水运，特别是小河支流水运的衰退成为必然。南广河河水依然，古镇的街巷依旧，但古镇的繁华已然成为历史。

正因如此，南广古镇由于多年来缺乏统一的整体规划和保护，居住在镇里的居民由于自身经济条件以及不同历史时期建筑形式的不同，再加上南广古镇位于翠屏区新规划的长江南路的绕城景观大道旁，其古遗址、古建筑普遍存在原貌损毁、缺乏保护的情况，如榨子母码头等古遗址仅存几条青石梯。建筑物是我们考察历史的重要见证，而这些历史的见证跟我们的生活密切相关。所以，在国家大力提倡文化旅游的今天，南广古镇的遗迹保护和整体规划刻不容缓。

1. 南广古镇旅游开发定位

文化是古镇的灵魂，南方丝绸之路的旅游开发必须站在文化遗产的高度来施行。除了古道文化、码头文化、石刻文化，南广古镇还是哪吒文化的重要载体，其有许多和哪吒有关的传奇故事和遗迹。在我国台湾地区、香港地区，甚至是国外东南亚地区东南亚，人们对哪吒的虔诚与崇拜达到痴狂的地步，尽管国内不少地方在争相打造哪吒文化品牌，但南广古镇是大部分道教信徒公认的哪吒的出生地。而为什么宜宾南广能成为哪吒之乡，除了比较虚无的黄樟托梦，陈塘关等地名的存在和传说之外，翠屏区的哪吒文化支撑有以下几点：

（1）梵音南来与南丝绸之路。

在佛教中“哪吒”是梵文 Nalakuvara 的音译。佛教的南传路线使得印度佛教中的哪吒率先经历宜宾而与中国文化相结合。哪吒从印度佛教文化演变而来。佛教传入中国有北传、南传和藏传三大路线。南方丝绸之路比北方丝绸之路的开辟时间更早，文化传播必然随商贸开通而来。印度佛教从南方丝绸之路经过云南、宜宾到乐山（麻浩崖墓上的东汉佛像）的路径，如前所述，宜宾为汉代犍为郡治所，所辖范围多达 12 县：武阳（今彭山）、南安（今乐山）、僰道（今宜宾市区）、江阳（今泸州）、牛鞞（今简阳）、资中（今资阳）、符县（今合江）、南广（今珙县）、朱提（今昭通）、郁邬县（今云南宣威）、堂琅（今云南巧家、鲁甸）、汉阳（今贵州赫章、威宁），几乎包括了五尺道的大部分地区，这也为哪吒文化在宜宾起源提供历史基础。

（2）西南半壁与哪吒——李靖与哪吒的中国化融入。

中国神话人物来源除了传说中的自然与人文之神外，历史人物在其中占重要地位。从“人”到“神”的转化过程，与历史背景和地理背景联系紧密。这有三个关键词：唐朝、李靖、宜宾。在神话中，唐朝的意义重大。唐代文化繁荣、经济发展和对外政策使唐朝经济达到鼎盛。唐朝人民常常在严酷的战争中祈福于宗教力量，而且把骁勇善战的将领加以神化，托塔李天王（李靖）就是这一时期的产物。作为唐朝杰出的军事将领，李靖智勇双全，是唐朝的战神，与佛教护法天王、勇敢善战的哪吒匹配，体现了中原王朝治边保国的政治意义和宗教诉求。宜宾历来是中国的军事要地，自秦汉经略西南开辟丝绸之路之后，唐代剑南道与南诏对峙，雄踞巴蜀，势控滇黔，形胜尤为关键，号称“西南半壁”。戎州的辖制范围一直南达云南开远、个旧一带，是宜宾沿革上控制范围最大的时期，可见朝廷设置戎州的重要意义，而李靖又是镇守南天门的大元帅，所以此地李靖的传说盛行。

同时，剑南道戎州的格局是中国地缘政治布局中的“山川形胜”与“犬牙交错”的代表，既按山水分化实现政区与经济的发展，又按军事犬牙相制。

（3）《封神演义》：商周哪吒、天神哪吒与宜宾星野的天人合一。

明代的《封神演义》完整地构建出哪吒文化体系，其中，有两大趋势：一是把故事背景回溯到商周，体现武王伐纣的正义，符合千百年的人文传统；二是将历史人物进行了“神”的升华，故事由“地”向“天”升华。在封神演义中的天界中，南天门是进入天庭必经之路，而李靖正好是南天门的天王，哪吒的许多故事正发生在那里。而在中国古代的星宿分野中，宜宾的分野正好与南天门吻合。

一切和哪吒有关的名称和事物都能在宜宾找到出处，所以南广古镇可以定位为“五尺古道·哪吒故里”。

2. 南广古镇旅游开发的原则

传统川南古镇主要的功能是居住和交易。而处于城市风貌整改区的南广古镇在合理规划和改造后应该还能具备旅游和休闲两大新功能，在传承码头文化、哪吒文化的同时，南广古镇还应注重现代化的开放型文化。一个古镇最吸引人的地方应该是游客能在那里静静地发呆，而不是在街上走马观花，这种古镇旅游成功案例在川南几乎没有。所以课题组不赞同安全拆除南江街、顺江街封闭、破旧的古建筑，而应该秉承“古城不动、新旧分开、合理发展”的可持续发展的原则来进行旅游开发，包括保护、发展及与之相适应的辅助机制，如图 7-1 所示。

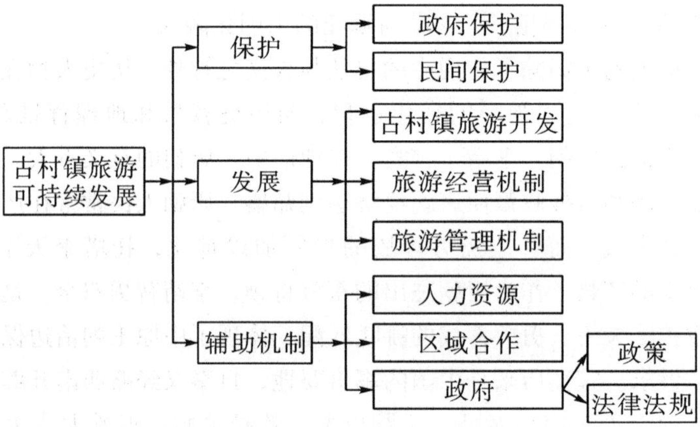

图 7-1　古村镇旅游可持续发展

3. 南广古镇旅游开发的思路

南广古镇属于山地型古镇，呈带状分布，地处翠屏城区，和三山（七星山、红岩山、麻柳山）相夹，与两塔（白塔、黑塔）相望，三江伴流，具有先天的山水格局优势。现今绕城景观大道也遵循了天地风水的原则，镇前的路就是流动的活水。

在旅游开发中，南广古镇应明确古镇定位，树立哪吒文化发源地的“权威性”，奠定哪吒文化体验地的“针对性”。

古镇建设应保持古镇“山（七星山）—镇（南广古镇）—江（金沙

江）—河（南广河）”的格局和风貌。将故事植入建筑和景点，如把哪吒故里的星宿来由、南广古镇的码头文化用文字和图例的形式表示出来。每个街区、每个建筑、每块石头、每一位原著居民都应该是一个故事，都能让游客流连忘返。例如，浙江嘉兴乌镇的打造经验就值得我们学习，在保护中开发，修复工程师做到修旧如故、以存其真，避免修旧如新（图 7-2、图 7-3）。乌镇的石板和门板都用旧的，但是又要在人眼看不到的地方植入现代化的用品，其做到了生活是现代的，风貌是历史的，所以乌镇能举办世界戏剧节和世界互联网大会两个世界级盛会。乌镇的这一点值得南广古镇以及宜宾的其他古镇在旅游开发规划时学习和借鉴。

图 7-2　修复前的乌镇①

图 7-3　修复后的乌镇②

---

① 图片来源：阮仪三. 我这一生保了很多古城，有的是成了，有的是败了［EB/OL］.（2017-04-11）［2020-05-31］https://www.sohu.com/a/133397427_173336.

② 同①。

4. 南广古镇开发建议

南广镇古建筑也是按照一坊、二坊、三坊、四合五天井而设计的。古建筑的修复和重建不能破了这个根本。打造哪吒文化区和田园风光区两大旅游功能区。

其中哪吒文化区包括滨江娱乐休闲区、陈塘关商业休闲服务区。遵循一轴两翼的格局进行打造。一轴。即陈塘关的景观主轴，可以设置大型哪吒浮雕。两翼，位于主轴两侧，一侧为哪吒的成长线，出生、闹海、重生；一侧为战斗线，从下山助姜子牙道推翻商朝，被封神。轴线中许多景观节点可以运用哪吒和李靖的故事，南广镇的风水图进行包装。铺装景墙、雕塑等让游客直观感受南广古镇的悠久历史和并不是空穴来风的哪吒文化。在古街打造上，以古镇现状为基础，将原有的建筑立面元素（木结构、青瓦、白墙）进行提炼加工，将现代与传统有机结合，让改造后的南广镇能够真正脱胎换骨、焕然一新。滨水休闲区设亲水步道和小游步道，能够满足人们在汛期和枯水期的戏水活动。南广古镇在进行重新规划设计后，需要体现除居住和交易两大传统的古镇功能外，还必须具备旅游和休闲两大新的功能。陈塘关商业休闲服务区应着重体现这两点。服务区内应设立休闲的餐馆、茶馆，将南广特色饮食如申氏烧腊，介绍给游客，将南广古镇建成一个开放型的文化旅游休闲胜地，就如成都太古里一样。

田园风光区指水流溪大桥至李庄古镇一截。以旷野田园风光和高档田园会所为主，利用野生或人工植被，设立慢行绿色步道和湿地公园。设置高档田园会所，设计小型活动广场、垂钓、农家采摘等活动空间，为游客提供养生休闲活动。

二、宜宾县石城山古道旅游开发

1. 石城山森林公园概况

石城山森林公园建于 1992 年。石城山位于宜宾县横江镇，系长江风景带上别具特色的风景名胜之一，南丝绸之路上的一颗明珠。距横江古镇 9 千米，距宜宾县城 44 千米，与云南水富县城相距 26 千米，距内水高速公路 23 千米。

2. 石城山森林公园特点

石城山森林公园自然风光秀美，动植物种类丰富。势险峻奇特、状如覆斗、四周悬崖峭壁，绝壁凌空，石山“环列如城”状，故名“石城”山。石城山山清水秀，风景如画。石城山自然景观、人文景观兼备，具有森林、丹崖、溪流、瀑布、湖面、文物古迹及宗教庙宇设施等多种景观类型。其主要景点有飞泉瀑布、万松楼、观音阁、水帘洞、雨师洞及雨师庙、凌空飞架的3 000米长古栈道、水光潋滟的叠翠湖以及立于顶峰峭壁上的高约70米的“隐身大佛”。

独特的战争文化。石城山雄踞横江之畔，扼川滇咽喉，易守难攻，因此自古以来就是兵家必争之地，横江曾经历了十多次驻军，十次以上大规模的战争，其中明王朝在此血腥镇压普法恶领导的都掌人起义，少数民族死亡近1万人。1982年，石城山附近发现的《岩山平蛮碑》，碑刻清楚记载了这次明王朝正德年间镇压普法恶领导都掌人起义的经过。铜鼓是碑刻中还提到了铜鼓，他们拥有的权利和财富的象征，是作为祭神使用的乐器和战争时发出信号的重要工具。石城山一带出土的三面铜鼓，结合“岩山平蛮碑”一起考证，应都为都掌人所遗。另外，张献忠剿四川时其大将冯双礼攻克石城山，杀死明军官兵2万余人；太平军石达开部与清军在横江大战，死亡4万余人，还有军阀杨森败退横江，叛匪头目陈云鹏、郑经伟、蒋树清凭借石城山之险做贼巢，横江人民又进入水深火热之中，横江二次解放。横江古代战争的战场遗址，战争文化丰富。

民风淳朴的古村落云集。原貌保存完好，多聚少散，原生古朴。主要有金钟村、和平村、原石村、石城村等代表。金钟村是中国第三批传统村落，境内有川南建筑卢家大院。和平村是最靠近场镇的村庄，以传统种养殖为主，境内有白果坪石达开古战场。厚石村是县级贫困村。石城村是四川省第二批传统村落，出产优质水稻，是横江镇主要的粮食生产区。

3. 石城山森林公园旅游开发原则

（1）资源环境设施的生态性原则。森林公园是生态脆弱区，容易产生旅游环境问题；再者，游客不仅要求放松，而且强调身心回归大自然，体会“原汁原味”。因此，森林公园的旅游产品应全面按生态学原理进行设计，充分利用森林公园自身资源，减少外界物质的输入，实现物质循环和输入输出平衡，使旅游产品与整个自然环境能够相得益彰，既满足游客亲近自然的愿望，又减少对生态破坏。同时，各项服务设施和基础设施的设计也应根据当地的环境，利用天然原材料合理安排建筑与其他因素的关系，使之与环境有机地融合。

（2）森林旅游产品的主题性原则。森林公园旅游开发要考虑其自然基础、历史文化、心理积淀和社会经济四维时空的组合。公园应从本地文脉的发展和资源特色出发，设计出主题鲜明、易于认同的特色产品。“林”应该成为森林公园旅游产品设计的首选主题，产品可以通过“赏林、品林、游林、用林”来加深旅游者对森林旅游的认知，最大限度地满足人们的亲林性，此外，森林公园还应针对客源市场变化适时推出不同主题的旅游项目。

（3）遵循客源市场的导向性原则。森林公园旅游产品设计必须与旅游市场相适应，以旅游者的需求为中心，以满足旅游产品市场竞争的需要和实现旅游产品的价值。近年来，周末和假期外出度假的家庭旅游日益盛行，对于包括石城山在内的大部分森林公园来说，周末度假休闲游客将是其主要服务对象。

（4）游客游览过程的参与性原则。参与性强的旅游产品给予旅游者的是多感官的刺激，因而旅游者能获得较深的印象和生动的体验。产品参与性越强，带来的体验就越生动，对游客的潜在影响就越明显。因此，在森林公园旅游产品的开发中，要多设计参与性强的项目，以满足现代游客自主性强、选择个性化等方面的要求。

（5）旅游活动效果多效性原则。与普通旅游活动项目相比，森林旅游产品活动项目，不仅要满足游客基本的观光游览、休闲度假、运动健身等需求，而且还应该注重其追求新奇、回归自然、寓教于乐等的特殊需求。合理、有效的产品策划与设施设计，注重对当地文化内涵的挖掘，提升旅游者的参与程度，突出主题。这不仅有利于游客的生态意识的提升，而且有利于保护森林旅游资源与环境，实现森林公园的可持续发展。

4. 石城山森林公园的开发现状

1992 年 7 月 14 日，宜宾县委在横江区主持召开加快石城山开发和建设石城山森林公园会议，确定石城山森林公园的建设应坚持以“森林公园为主，经营木材为辅”的方针。会议提出，宜宾县应充分发挥万亩森林和林地的多功能效益，努力把石城山办成宜宾大林业开发的绿色明珠。但石城山森林公园十多年来由于承包企业投资不足和经营不善，石城山森林公园破坏严重，开发进程滞后，游客量大幅减少，旅游收益入不敷出。

5. 石城山森林公园的旅游开发模式

森林公园旅游开发模式有功能复合型、单一主题型、地域特色型、季节主题型等开发模式。后三者适合特色鲜明、主题非常突出、且规模宏大的森林公园开发。石城山森林公园属亚热带温润季风气候，海拔为 860~1 115 米，年平均气温为 12.7~14℃，具有冬暖夏凉、四季分明的特点，已有人工森林面积近 667 万平方米，动植物种类繁多，是天然的生物资源宝库，且古道遗址、战争遗迹丰富，相关部门应采取功能复合型开发模式，以生态旅游开发为主题，古道（镇）文化为脉络，串联开发。

6. 石城山森林公园旅游开发建议

搞好“四个结合”：第一，发挥比较优势与借位发展相结合。以强势的川滇文化作为景区主题，打造核心吸引物，形成差异发展优势。同时，以山地自行车、自驾车营地、河谷溯溪、徒步野营等为主要形式，建设户外休闲运动基地。第二，克服浮躁，立足长远，推进横江古镇和石城山文旅结合发展。依托农业旅游资源，发展、优化农业产业。遵循农业自然规律，挖掘农业旅游资源，开展农耕文化、农民生活等方面的研究和新产品的开发。第三，多元化开发与股份制经营相结合。第四，政府推动与市场运作相结合。古镇森林旅游融合发展涉及面广、带动作用大，这决定了既要坚持政府主导，又要深入推进市场运作。要充分发挥政府主导作用，通过制定和争取产业政策支持、营造环境来引导产业发展。同时，要大胆创新，让市场在资源配置中发挥决定性作用，特别要充分吸纳民间资本的参与。

打造“四个旅游产品”。一是文化旅游产品。文化产品要有创意，项目要有创新，产业要有创意。可结合横江古镇四种市级非物质文化遗产：横江名歌、石城山牛牛灯、石城山花灯三种戏剧，以及川南民居木作技艺，打造横江—石城山民间艺术大舞台，聚合横江镇非遗传人和民歌传人定期表演，传授游客技艺和唱功，向外推广古镇、古道传统文化遗产，使其能像丽江古镇的纳西古乐一样能传承下去。二是山地康养旅游产品。依托石城山、天宫山等优美的山地风景，修建人行栈道和越野栈道，积极发展康体运动产品，如登山、攀岩、山地自行车、穿越等。修建专门的步行道、自行车道，做好露营地的管理服务区、野营野餐区、休闲娱乐区、拓展区等的规划，以国家旅游度假区评定标准为指导，高起点开发石城山及周边山地度假旅游产品。三是水上观光旅游产品。森林公园可依托金沙江、岷江、横江、越溪河航道，必要时联动三江口、李庄打造水上游览精品线路，实现以水路串联陆上景点，以景点联动水域的水陆联动发展模式。2015 年，在四川文化旅游节召开期间三江口—李庄开通了一段时间的水上观光游，但没有持续下去。课题组认为，沿江两岸的景色，尤其是夜景亮点并不突出，航道节点距离过长，缺乏其他相关休闲项目的配合是观光游项目失败的主要原因。如要下决心好好打造水上观光旅游产品，必须先做好岸上旅游景观的打造。四是古道—古村—古崖墓访古寻幽旅游产品。利用横江古镇、燕子坡古道、金钟村、石城村等有一定级别的不同类型的古遗址，发展有历史记忆、地域特色、民族特点的访古寻幽旅游，依托现有的古道、古村、古镇布局形态，整治风貌，对不可移动的重点文物进行相应的保护开发。综上，相关部门应着重三大提升与创新：一是景观特征上从“修旧如旧”提升到“修旧如故”；二是农村产业上从“土生金”提升到“旅生富”；三是品质上从“我想游”提升到“我要留”。

三、珙县王家镇旅游开发

1. 珙县王家镇概况

王家镇，位于珙县的最南边，东南面与云南省威信县接壤，境内的四里坡顶交界处有明洪武九年（1376 年）川滇双方共同镌刻的“芒珙古界”4 个大字于岩石上，由于年久、筑路爆破等原因，四个大字现已不复存在。清及明初，云南的盐、布、杂货多由此经过，肩运、马驮，商人络绎不绝，商业兴旺。该镇在明代名浣乡，清乾隆时更名为集义乡，1920 年更名为王家乡，因乡公所在王家场（据传当年有家姓王的人家常年在该处卖草鞋）而得名。1956 年 2 月，王家、三河、文化三个乡合并为王家乡。1958 年 10 月，成立王家人民公社。1992 年，三溪乡（原三河乡）与王家乡合并，并更名为王家镇。

森林资源富集。全镇辖区面积 103 平方千米，海拔高度在 780~1 670 米，全镇气候受乌蒙山和大雪山森林气候影响，气温偏低，多雨多雾。镇域林业、水能资源丰富，有湿地生态系统 500 多亩，原始森林 1 万余亩，人工森林 5 万余亩，次生林 2 万余亩，森林覆盖率为 56%，现存世界珍稀植物、国家一级保护植物“活化石”珙桐为 13 000 多株，主要分布在四里坡及大雪山。另有黑熊、猴子、野猪等稀有野生动物。

产业单一。全镇有农户 4 920 户，主要民族为汉族和苗族，他们以种植业和养殖业为主，王家镇是珙县烤烟生产的第一大镇。全镇煤炭储量达 1 亿吨，石灰石资源丰富。

川南红色革命热土。中央红军一军团、中国人民解放军第二野战军 18 军 52 师都曾在此驻扎、屯粮。

五尺道古道遗迹众多、历史悠久，深厚的文化积淀使得山地自然景观和人文景观和谐融洽、相得益彰。除了值得一提的五尺道遗迹外，现存清代王家镇老街、明代“道南桥”、清代刘家坝古碉堡，以及明末古庙宇回龙寺（红庙子）等古建筑。因此，王家镇是一处还没有受到城市发展太多现代化影响的古镇。

2. 王家镇旅游开发模式

王家镇所在的珙县，地属乌蒙山连片扶贫开发片区（也包括五尺道线上的高县、筠连县），位于长江经济带重要节点位置，国家推动“一带一路”和长江经济带的建设，加快建设成渝经济区和省委深入实施乌蒙山区连片扶贫开发规划、优先发展川南经济区，加快少数民族地区发展等重大战略机遇为珙县的旅游经济发展提供了良好的外部环境。综合上述的旅游资源介绍，王家镇的旅游开发应该以地域特色型和季节主题型为模式。向游客展示不同于城市的天然原始森林风光，让游客在古宅古道中穿越回过去，让他们充分体会到“天人合一”的绝妙神韵。促进王家镇成为川南大旅游圈的边界旅游热点，进一步提升珙县的旅游发展高度，使其成为全球僰文化旅游高地，西南地区文化与生态旅游胜地、川南著名的休闲体验旅游基地、蜀南旅游金三角的重要增长极。

3. 王家镇旅游开发建议

（1）开发战略。王家镇地处川滇两省交界，很多资源如大雪山、五尺古道是川滇两省共有，诸多因素使得这些资源传统文化受城市现代化影响较少，少数民族风情浓郁。为突出地域特色文化，应采取差异化定位与区域联动的开发策略。采用差异化的开发策略，做到人无我有、人有我新、人优我特、率先开发等差异化的定位与竞争战略；强化与高县、筠连以及云南威信、贵州镇雄等周边地区的合作与联动，实现产品互补、客流互送、信息共享，共同推动区域内的旅游发展。

（2）开发目标。可以确立“观珙桐林海、走五尺古道、寻川滇古韵”为旅游宣传口号。开展森林观光、生态探险、科学考察等旅游活动，适度发展度假村、天然氧吧疗养院、民族风情等旅游接待设施，联合云南省将四里坡和大雪山森林公园建成集观光、探险、娱乐、疗养、科考等多种旅游活动相结合的综合生态旅游区。

（3）旅游开发建设内容。在乌蒙山片区扶贫优惠政策及相关政策支持下，以王家镇柏杨村、洛表光荣村、曹营乡福宁村为建设基地，筹划建成“一带两区”。

一带，即川滇秦汉古道旅游走廊。

“文化遗产线路”是指拥有特殊文化资源集合的线性景观，有明显的经济中心、蓬勃发展的旅游、老建筑适应性再利用、娱乐及环境改善功能，是一种地域空间遗产保护和开发结构。五尺道遗产线路长，时间跨度大，其间经历过历代不断的维修与更新，各个时代的文物古迹虽完好程度不一，但在开发这一文化遗产的过程中，要凸显重要的整体价值。王家镇现存完好的五尺道遗址有4千米左右，在崇山峻岭中穿行，至今留有马蹄印和拐榫孔。川滇秦汉古道旅游走廊可以以中国地质建筑博物馆为主题再现，以“茶马古驿”为文化主线，强化历史文化记忆，沿五尺道遗址和王家古镇的古建筑建设西南丝道遗址景区，开发穿仿古服装骑马、赶马重走古驿道路、观景等与古道遗址相关的旅游项目，让游客充分体验昔日“马帮”的辉煌与沧桑。以王家镇老街资源整合提升与度假化改造为基础，将老街按照“修旧如旧”原则进行活化，营造“乡土、怀旧、古典、悠闲”的度假氛围，同时也可策划不同主题的活动，形成老街特色演绎项目。将王家镇打造成度假新镇。

两区，即珙桐森林度假旅游区（四里坡、大雪山）和苗文化风情体验旅游区。苗文化风情体验旅游区范围包括珙县罗渡、玉和、观斗三个苗族乡（隘口苗寨茶园、王武苗族风情村），筠连的高坪、联合、团林三个苗族乡，云南彝良柳溪苗族乡。这两个旅游区可以联合打造，以白天爬山、晚上体验苗乡风情的形式开展深度体验旅游。

珙桐森林度假旅游区。该旅游区以“珙桐花飞”为主题，用“产品+节庆”拉动景区和乡村同步发展。①建设大雪山原始森林景观旅游区，开发科考、探险、徒步穿越等旅游项目；开发野外训练、宿营、森林探险等深度体验旅游项目。特别值得提出是，在保障安全的前提下，可开展溪降（在悬崖处沿瀑布下降的运动）观摩和体验活动，开展这种新潮的娱乐体验活动可以极大提升景区的人气。因为对一般游客而言，观看溪降此类表演活动本身就具有很大的吸引力。②建设四里坡水库景区，开发水上泛舟、垂钓、水上竞技等水上娱乐项目；③建设野生动、植物园区，开发观赏性较强的休闲项目；④建设旅游休闲度假山庄和大力发展特色民宿。选择适宜的地方，按照星级标准设计、建造休闲度假山庄和特色民宿，其外形应与景观相一致。

苗文化风情体验旅游区。该旅游区以川南苗族文化为核心主题，开发苗族原生态文化体验、文化演出、以蜡染为代表的苗族传统工艺制作体验、苗乡民居体验、少数民族运动等旅游产品，联合宜宾和云南其他区县和定期开展“川南苗族文化旅游节”等各种颇具特色的民风民俗活动，力争将此区域打造成为川南知名民族文化体验旅游地。

区域旅游作为具有高联动效应的新型产业，为实现提高区域整体经济目标而抓住丝绸之路经济带建设发展的良好契机，推动丝绸之路经济带区域旅游合作发展具有重要意义（张玉蓉，2017）。在国家“一带一路”倡议的引导及十九大报告精神和习近平总书记来川讲话精神的指引下，作为南方丝绸之路东线的五尺道旅游开发应按照新理念、新思想、新战略的要求，秉承全域旅游的观念，践行空间经济学的“点—轴—（域）面”的时空演变体系，以文化为导向，做到旅游资源社会化、社会资源旅游化。以推动全域旅游发展为主线，以推进旅游治理规范化、旅游发展全域化、旅游供给品质化、旅游参与全民化，旅游效应最大化为原则，加快推进旅游供给侧结构改革。强化互联网、交通、农业、文化、生态、体育、林业与旅游业的融合发展，形成多业态互相依存的产业综合体。需要巩固发展核心旅游景区，大力发展文化旅游，积极推进农旅结合，完善旅游配套设施，大力培育森林康养业态，着力壮大旅游文化产业。真正让乡村田园变成景区，让民居农舍变成民宿客栈，让乡村道路变成旅游景观道，让农产品变成旅游商品，让传统城镇变成文化旅游城镇。建设长江上游生态旅游示范带，把旅游业培育成为服务业的支柱产业，让宜宾旅游在成渝经济开发区建设、“一带一路”和长江经济带建设的发展浪潮中乘风前进。

结　语

近年来，丝绸之路文化线路研究备受关注，国内外学者多角度、跨学科对三大丝绸之路的研究取得了丰硕成果。南方丝绸之路是联通北方丝绸之路和海上丝绸之路的内陆重要通道，2 000 多年以来一直是我国西南地区连接国内外的国际通道，对中外社会、经济、文化交流起了重大作用。本书对学者们关于南方丝绸之路的零散的研究成果进行了搜集整理，梳理出其中颇有争议的南方丝绸之路的相关问题，如南方丝绸之路的出现时间、线路走向、历史遗存，等等，并就四川境内线路和云南境内线路做逐一对比，提出适合两地共谋发展的合作思路和合作机制。目前，国家对西南诸省提出南向通道开放的建设要求，在这样的背景下，将南方丝绸之路的振兴和南向通道建设无缝对接，南方丝绸之路沿途省份完全有机会和条件抓住目前的有利时机，制定统一规划，携起手来，整合资源，建立区域伙伴合作机制，树立区域大旅游、大交通的理念，全方位和东盟国家开展经济贸易交流活动。沿途省份可以此为立足点，站稳脚跟，为南方丝绸之路经济带发展牵线搭桥，逐步向南亚、西亚市场进军，重新开启南方丝绸之路的昔日辉煌。

参考文献

单霁翔，2009. 关注新型文化遗产：文化遗产的保护［J］. 中国文物科学研究（3）：12-23.

屈川，2004. 川南“都掌蛮”铜鼓文化探讨［J］. 宜宾学院学报（3）：85-92.

傅奠基，2012. 僰道：昭通最早以道路命名的县级政区：兼论秦汉道级政区的设置与交通之关系［J］. 昭通师范高等专科学校学报（4）：9-14.

李昉，2008. 太平御览卷 166 卷 170 州郡部十二［M］. 上海：上海古籍出版社.

赵志强，2011. 五尺道是石牛道吗：与《五尺道即石牛道考》一文商榷［J］. 历史地理（25）：413-422.

任德清，2010. 秦开五尺道考［J］. 宜宾史学（3）：112-120.

余宏模，2008. 秦汉僰道与开发夜郎［J］. 乌蒙论坛（2）：69-73.

何自安，龙仕跤，2011. 五尺道：中原和南诏和谐之道［A］滇川黔桂四省（区）毗邻县第二届彝学研讨会论文集：81-85.

常璩，2010. 华阳国志［M］. 济南：齐鲁书社.

丁天锡，周植桑，1993. 宜宾市郊区出土东汉铜洗［J］. 四川文物（6）：68-69.

丁天锡，范仲成，1989. 南广河沿岸出土文物介绍［J］. 四川文物（1）：73-75.

珙县招商引资局，2011. 珙县王家镇五尺道文物保护及综合开发项目［EB/OL］.（2011-03-19）［2020-01-20］. http://www.gongxian.gov.cn/Invest/ZSXM/2011/03/19/12355314717. html.

中共宜宾市地方志办公室，2013. 宜宾历史特点［EB/OL］.（2013-05-03）［2020-03-20］. http://dfz.yb.gov.cn/content.jsp? classId = 780101&newsId = 337016.

谢崇安，2011. 也谈五尺道的开通及其对西南夷地区社会发展的影响［J］.

贵州民族研究（5）：162-168.

杨雪松，赵逵，2008. “川盐古道”文化线路的特征解析，华中建筑，(10)，211-214.

江玉祥，1995. 古代西南丝绸之路研究［M］. 成都：四川大学出版社.

段渝，2008. 南方丝绸之路研究论集［M］. 成都：巴蜀书社.

段渝，2012. 巴蜀文化研究集刊［M］. 成都：巴蜀书社.

四川省文物考古研究院，中国国家博物馆，2011. 2010 年穿越横断山脉，寻踪五尺道［M］. 北京：科学出版社.

李小波，袁蓉荪，2011. 蜀南盐道 中国井盐大运河［J］. 中国国家地理(3)：120-128，130-132.

刘小龙，2016. 云南参与孟中印缅经济走廊建设的领域研究［J］. 经济研究参考（67）：13-21.

藤泽毅美，1954. 古代东南亚的文化交流：以滇缅路为中心［J］. 历史教育，5（5）：62-65.

林向，2008. 我国西南地区出土的汉魏青铜树：“柱铢”［J］. 考古与文物(2)：74-79.

张玉蓉，2017. 丝绸之路经济带区域旅游合作机制研究：以西北五省区为例［M］. 成都：西南财经大学出版社.

蓝勇，1989. 四川古代交通路线史［M］. 重庆：西南师大出版社.

蓝勇，1992. 南方丝绸之路［M］. 重庆：重庆大学出版社.

段渝，2013. 五尺道的开通及相关问题［J］. 成都：四川师范大学学报(4)：156-162.

凌受勋，2015. 清代、民国时期水码头的宜宾的商贸与物流［J］. 宜宾学院学报（4）：37-44.

凌受勋，2016. 清代、民国时期水码头宜宾为中心的滇边岸盐运［J］. 宜宾学院学报（5）：58-62.

李能燕，2019. 抗战时期的西南交通建设：围绕川滇铁路、滇缅铁路和滇缅公路的考察［J］. 玉溪师范学院学报（1）：30-37.

杨丽华，2017. 从杨慎往返川滇行程看明中期的南方丝绸之路［J］. 中华文化论坛（11）19-25.

刘小方，李海军，2007. 世界文化线路遗产的保护与旅游开发：以四川省为例［J］. 桂林：桂林旅游高等专科学校学报（02）：300-303.

刘彦群，2005. 川滇黔古盐道与旅游开发研究［J］. 盐业史研究（04）：36

-41.

赵逵，2008. 川盐古道文化线路视野中的聚落与建筑［M］. 南京：东南大学出版.

屈小玲，2016. 南方丝绸之路沿线古国文明与文明传播［M］. 北京：人民出版社.

肖先进，2007. 三星堆与南丝路：中国西南地区的青铜文化［M］. 北京：文物出版社.

樊绰，2018. 蛮书校注［M］. 向达，校注. 北京：中华书局.

王象之，2012. 舆地纪胜［M］.. 北京：中华书局.

段渝，2015. 南方丝绸之路：中-印交通与文化走廊［J］. 思想战线（6）：91-97.

刘丹，秦红增，2017. “一带一路”与中国民族走廊研究再认知［J］. 武汉：中南民族大学学报（5）：31-36.

陈保亚，2016. 茶马古道与盐运古道、丝绸之路的关系：基于词与物的古道类型学研究［J］. 思想战线（6）：90-97.

陈保亚，2006. 论滇僰古道的形成及其文化传播地位：茶马古道早期形态研究［J］. 思想战线（2）：105-116.

罗开玉. 2008. 汉武帝开发西南夷与“南方丝绸之路”［J］. 中华文化论坛（12）：81-84.

奚雪松，2005. 西南丝绸之路驿道聚落传统与现状研究：以秦汉五尺道为例［D］. 昆明：昆明理工大学.

李绍明，2009. 近 30 年来的南方丝绸之路研究［J］. 中华文化论坛（1）：157-160.

凌受勋，2018. 清代民国时期南丝绸之路上的宜宾. ［M］. 上海：文汇出版社.

刘明，2013. 浅析两处摩崖石刻题记与“古道”的联系［J］. 中华文化论坛（1）：43-45.